CEIBS | 中欧经管图书

家族财富的灵魂

李秀娟 著

中国出版集团
東方出版中心

图书在版编目（CIP）数据

家族财富的灵魂 / 李秀娟著. —上海：东方出版中心，2019.10（2021.8重印）
ISBN 978-7-5473-1553-8

Ⅰ. ①家… Ⅱ. ①李… Ⅲ. ①家族－私营企业－企业发展－研究－中国 Ⅳ. ①F279.245

中国版本图书馆CIP数据核字（2019）第213009号

丛书策划　刘佩英
特约策划　胡峙峰
责任编辑　冯　媛　徐建梅
特约编辑　朱　枫　张碧萱
装帧设计　**奇文雲海 Chival IDEA**

中欧前沿观点丛书

家族财富的灵魂

著　　者　李秀娟

出版发行　东方出版中心
地　　址　上海市仙霞路345号
邮政编码　200336
电　　话　021-62417400
印 刷 者　山东韵杰文化科技有限公司

开　　本　890mm × 1240mm　1/32
印　　张　5.25
字　　数　85千字
版　　次　2019年10月第1版
印　　次　2021年 8 月第2次印刷
定　　价　56.00元

中欧前沿观点丛书

丛书顾问

李铭俊　迪帕克·杰恩 (Dipak Jain)　丁　远　张维炯

丛书编委会

主　　编：许　斌

执行主编：胡峙峰

编　　委：车嘉华　陈世敏　蒋凤桐　巫和懋

许定波　赵先德

院长的话

1994年，中欧国际工商学院（下称“中欧”）由中国政府和欧盟联合创立。廿五载风雨兼程，伴随着中国经济稳步迈向世界舞台中央的历史进程，中欧从西方经典管理知识的引进者，逐渐成长为全球化时代中国管理知识的创造者和传播者，走出了一条独具特色的成功之路，建成了一所亚洲领先、全球知名的商学院。中欧以“认真、创新、追求卓越”为校训，致力于培养兼具中国深度和全球广度、培养积极承担社会责任的商业领袖，被中国和欧盟的领导者分别誉为“众多优秀管理人士的摇篮”和“欧中成功合作的典范”。目前，中欧的MBA和EMBA课程均位列英国《金融时报》排行榜全球五强，在亚洲商学院中无出其右者，与全球顶尖商学院相比亦不遑多让。

中欧拥有世界一流的教授队伍，其中有70余位全职教授，来自全球18个国家和地区，他们不仅博学善教，也引领商业知识的创造。中欧的教授队伍中既有学术造诣深厚、连续多年入选“高被引学者”榜单的杰出学者，又有实战经验丰富的企业家和银行家，以及高瞻远瞩、见微知著的国际知名政治家。

受上海市政府委托，中欧领衔创建“中国工商管理国际案例库（ChinaCases.Org）”，已收录精品案例1 200多篇，被国内外知名商学院广为采用。中欧还独创“实境教学法”，引导商业精英更好地将理论融入实践，做到经世致用、知行合一。

此次，中欧教授中的骨干力量倾力推出中欧前沿观点丛书，不仅是为即将到来的中欧25周年校庆献礼，也是希望以简明易懂的形式让高端学术“飞入寻常百姓家”。我们希望这套丛书能够给予广大读者知识的启迪、实践的参照，以及观察经济社会的客观、专业的视角；也希望随着中欧前沿观点丛书的不断丰富，它能成为中欧知识宝库中的一道亮丽风景线。

李铭俊教授

中欧国际工商学院院长

迪帕克·杰恩（Dipak Jain）教授

中欧国际工商学院欧方院长

2019年9月1日

总　序

中欧前沿观点丛书和读者见面了。首批6本图书于2019年出版发行，而2019年恰逢中欧国际工商学院建院25周年。中欧国际工商学院（下称“中欧”）是中国和欧盟于1994年合作创办的商学院。中欧在短短的25年里创造了世界教育领域的奇迹——从最初十年的默默无闻到最近十多年来屡居全球商学院多个权威榜单的前茅。在英国《金融时报》的榜单中，中欧MBA课程位居全球第五（2019年1月发布），中欧EMBA课程也位居全球第五（2018年10月发布）。两个“全球第五”成为中欧25周年华诞的完美献礼！

中欧能够打造精品课程，仰仗的是中欧教授深厚的学术修养和实操经验。中欧拥有70余位全职教授，来自18个国家和地区，其中中国籍教授占40%（含港澳台），外籍教授占60%。中欧教授均有在海外留学和教学的经历，熟悉国际学术界的前沿理论及其商业应用，因而他们具有宽广的国际化视野。同时，中欧每个教授均花费大量时间和精力深耕中国案例，因而他们拥有对中国实践的深刻认知。中欧为这些具有“中国深度、全球广度”的教授们提供了发挥其才能的最佳舞台，而教授们回馈其才华帮助中欧实现“聚焦中国、贡献世界”的雄心。

遗憾的是，绝大多数中欧教授“养在深闺人未识”。这套中欧前沿观点丛书意在弥补这个缺憾，让这些“隐士教授”向大众读者露个脸，让不曾上过这些教授课程的读者领略一下他们的学识和风范，同时也让上过这些教授课程的读者重温一下曾经品尝过的思想佳肴。丛书编委会希望这套丛书能呈现四个特点。第一是有料，就是书中有足够多的满足读者胃口的知识点。第二是轻快，做到“内容轻学术，形式简篇幅”，让读者翻开书就被吸引，手不释卷能在较短的时间内读完第一遍。第三是回味，就是在读完第一遍后，还会有兴趣去读第二遍和第三遍，既要“轻学术”，又要“厚内涵”。第四是实操，就是书中的知识能够对现实中的相关决策有一定的指导意义。简而言之十个字：有料有回味，轻快能实操。这“十字诀”就是中欧前沿观点丛书的定位。

中欧前沿观点丛书首批6本将在2019年11月举行的中欧25周年庆典上亮相，之后该丛书将继续推出中欧教授的原创小书。经济学中有个著名的观点：小的是美好的。希望这套丛书会是中欧教授思想的美好呈现。我们会竭尽全力将这套丛书做成精品，同时我们愿意倾心听取读者的批评意见（电子邮箱：gdcs@ceibs.edu)。

本套丛书的成功出版要感谢中欧领导层的支持，感谢丛书顾问们的指导和丛书编委们的付出。同时也要感谢中欧出版集团和东方出版中心的通力合作。我们期待中欧前沿观点丛书能够吸引到一大批忠实的读者。愿这套丛书与读者常相伴，共成长!

中欧前沿观点丛书编委会

2019年8月于上海

目录

Contents

第1章

财富的创造

中国家族企业的发展

自1978年改革开放至今，中国经济历经了沧海桑田的变化，中国企业的所有制结构也从单一的公有制经济转变为以公有制为主、多种所有制并存的经济体制。民营企业的崛起成为中国经济腾飞的重要动力之一。从农村联产承包责任制的发起者小岗村到凭借乡镇企业发家致富的代表华西村，从挑着扁担沿街叫卖鸡毛换糖的个体户到企业规模巨大甚至考虑扬帆出海的民企先锋，中国的民营企业摸着石头过河，筚路蓝缕地走出了一条中国特色之路。时至如今，中国民营企业的数量超过2 700万家，个体工商户超过6 500万户，注册资本超过165万亿元，民营经济占GDP（国内生产总值）的比重超过60%，撑起了中国经济的“半壁江山”。同时，民营经济也成为中国参与国际竞争的重要力量[1]。对众多民营企业而言，由于早期改革开放的外部制度和融资渠道尚未健全，原始资本积累及人脉资源最容易通过家族关系获取，因而多数民营企业均是家族

[1] 人民网：《发改委：民营经济占GDP比重超60%　撑起我国经济“半壁江山”》，http://m.people.cn/n4/2018/0906/c120-11567541.html，访问日期：2019年6月10日。

企业。家族企业指的是企业所有权或控制权归家族所有，家族中有两名及以上的家族成员实际参与经营管理或持股的企业。2017年，中国A股企业中民营企业占62.3%，而这其中有近一半是家族企业[1]。可以说，家族企业是中国民营经济发展中一股极其强劲的力量，40年的改革开放史近乎一部家族企业复兴史。

从世界范围来看，家族企业同样发挥着举足轻重的作用。在美国公开上市的最大企业中，有42%为家族所控制，日本的家族企业总量几乎占到其所有企业总量的95%。根据麦肯锡公司的预测，到2025年，新兴市场年销售额超过10亿美元的企业中将有37%是家族企业，可见家族企业的力量仍在不断增长[2]。与此同时，相较于非家族企业，家族企业展现出了更优的市场表现。2018年，瑞士信贷（Credit Suisse）基于对全球1 000家上市家族企业的数据研究发现，家族企业所采取的长期导向增长策略帮助它们取得了更好的财务业绩。其中，除日本以外的亚太地区家族企业中，来自中国的上市家族企业表

❶ 福布斯中文网：《内地上市家族企业调研：第一波权力交接完成 80后是主力 90后崭露头角》，http://www.forbeschina.com/review/list/002396.shtml，访问日期：2019年6月10日。

❷ Åsa Björnberg, Heinz-Peter Elstrodt and Vivek Pandit. The family-business factor in emerging markets［J］. McKinsey Quarterly, 2014, (4): 1–6.

现最好，自2006年以来年均回报率超过20%，比中国非家族企业年均回报率高15%，也远超亚洲其他地区的家族企业（高出10%）[1]。

经过改革开放40年的高速发展，中国家族企业以蓬勃的生命力根植于各行各业，相当数量的家族企业已经成为行业翘楚，也在民营经济乃至整个国民经济中发挥着重要作用，成为整个亚洲地区不可小觑的经济力量。如今，在经历了经济高速发展的蓬勃期后，中国的家族企业开始逐渐步入稳定发展与传承接班的阶段。未来5～10年，大约有四分之三的家族企业将面临财富传承的问题。

英国经济学家戴维·皮尔斯（David W. Pearce）认为财富可以分为两种主要类型，一种是有形财富，即资本或非人力财富；另一种是无形财富，即人力资本[2]。对家族财富而言，它包含的不仅是家族所拥有的货币、不动产、所有权等物质财富，更包含了家族所拥有的家族使命、信仰、价值观等精神财富。

---

❶ The Credit Suisse Research Institute, "The CS Family 1000 in 2018", *Credit Suisse*, https://www.credit-suisse.com/media/assets/corporate/docs/about-us/research/publications/the-cs-family-1000-in-2018.pdf.

❷［英］戴维·皮尔斯. 现代经济学词典［M］. 宋承先等，译. 上海：上海译文出版社，1988.

家族企业的代际传承直接关系到企业生命的延续，同时也关系到中国民营经济的整体发展。所以从某种意义上说，家族企业的财富传承并不只是家族的事，同时也是国事。

家族企业的三环——情、理、法

相对于其他形式的企业组织，家族企业往往带有神秘色彩，外界褒贬不一。每当提到家族企业，人们最容易联想到的是丰厚的家族财富、复杂的裙带关系和棘手的管理问题。从本质上来看，家族企业本身就是一个矛盾体，一方面，因为“家”的感情力量，家族企业拥有高凝聚力、快速决策、沟通成本低、管理成本低、成员具有奉献精神等优点；但另一方面，一旦企业利益与家族利益产生冲突，过多的情感导向、过于满足家庭需求往往会带来裙带关系严重、人才发展受限、创新缺乏等问题。有些学者认为，企业和家族这两个体系应该分开（见表1-1），企业应该职业化管理，家人尽量不要参与，但这样也就失去了家族企业特殊的优势。从另一个角度看，家族企业所拥有的社会情感财富是其抵抗经济波动的利器。因此，如何有效地平衡和结合情、理、法三环，是家族企业领导者最需要掌握的智慧。

表 1-1 家庭与企业：两个系统的重叠和差异

家庭的价值取向	企业的价值取向
主观	客观
重感情	重目标
关系导向，保护成员	功利导向，雇佣关系
包容性高	条件性高
无条件的	有条件的

美国学者克林·E. 盖尔西克（Kelin E. Gersick）曾提出的三环模型[1]将家族企业简化为三个既独立而又相互交叉的系统：家族（Family）、企业（Enterprise）和所有权（Ownership）。一般企业只有两个子系统，即企业（管理）和所有权（股东），但家族企业的复杂性在于多了家族的子系统。

在三环模型中，由于三个子系统的状态不同，形成了7个不同的区域（见图1-1），家族企业中的任何个体成员都可以在7个区域里找到属于自己的位置。

家族企业内部存在各种关系，如夫妻关系、兄弟关系、父（母）子（女）关系等。这些关系是家族企业独有的特质，也是其赖以生存、发展壮大的资源之一。一旦这些关系成为企

❶ Gersick K, Davis J, Hampton M, Lansberg I. Generation to Generation: Life Cycles of The Family Business［M］. Harvard Business School Press, 1997.

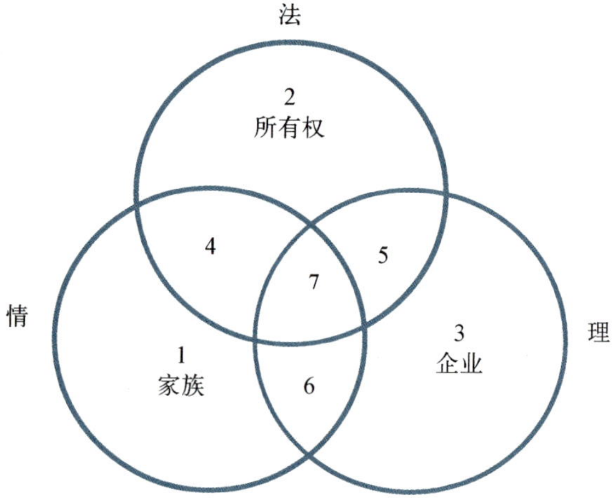

1—家族成员不拥有企业管理权或所有权
2—非家族成员股东
3—非家族成员员工
4—家族股东但不参与管理
5—非家族股东且参与企业管理
6—家族成员参与管理但不持股
7—家族股东且参与企业管理

图 1-1　家族企业的三环模型

业内的产权乃至雇佣关系，一切似乎都会变得复杂起来，毕竟当妻子成为合伙人、兄弟变成部门经理、子女变成下属，每个人都存在两种身份，既涉及经营领域也涉及情感领域，边界的不明确会造成内部治理的困难，再加上家族成员同时兼具管理者和股东的身份之后，不仅涉及家庭和管理，还要再加上产权持有者的帽子，那就更复杂了，易造成情、理、法的纠结。因此，家族内部不仅有着非同一般的凝聚力，也有着家族企业治理难以规避的弊病，而如何进行布局和划出合理的边界，则是家族企业治理必须解决的重要问题。

在一般企业里，个体组织成员只需要戴着老板、员工、股东或者职业经理人的“帽子”，扮演特定的角色。但在家族企业里，家族成员常常需要不断地更换其在家族和企业中的多重角色，这就容易引发角色冲突和矛盾。特别是当家族成员兼具管理者和股东的身份时，同时戴着三顶“帽子”，往往容易陷入情、理、法的纠结和取舍之中。

家，即家族。家族企业是关系企业，“关系”是家族企业的核心。如果没有“家族”这一环，家族企业的问题也就与非家族企业的问题没有什么区别。家族企业的特殊性，也是因为家族的介入。家族企业在发展过程中，面临诸多家族介入的问题，如新一代成员的加入、权力向下一代传承、直系血亲与旁系血亲间的关系、婚姻与退休的影响等。这些都会随着家族发展的不同阶段而相继出现。只有在目睹了一个伟大的家族企业因家庭成员之间的矛盾而衰败之后，人们才会真正理解“家和万事兴”对家族企业成功的重要性。因此，家族和谐在家族企业中必须得到重视，如果家族关系失去和谐，家庭成员之间的社会关系就会对家族企业的经营产生非常大的负面影响；相反，如果家族内部团结和谐，家族成员的才能和社会影响力就会对家族企业的发展起到关键的作用。

二代是否愿意继承家业，在很大程度上取决于他们与家族成员之间的关系，特别是家族适应性，它是指家族如何整体运行，在解决困难时是否具有灵活性，在决策和解决问题时是否采取开放灵活的态度。家族适应性是与二代的组织承诺、工作满意度和生活满意度成正比的重要预测因素。由此可见，家族适应性是家族企业中重要的因素，具有一定的规范但又相对灵活的家族系统才是一个平衡的系统。为保证家族的治理机制能够健康地运作，家族企业需要保持这样的平衡系统。

作为家族系统成员的每个个体在三环模型中都会有一个明确的位置，而处在每一个环内的个体，其职责和立场是明显不同的。它可以解释家族企业中每个人的权利界限、职责、冲突等问题，帮助我们更好地了解和分析家族企业复杂的内部矛盾。

企业，即管理权。家族企业在发展早期，多借助个人或家族的关系网去获得资源和企业所需要的支持，包括财力、人力、物力、信息等。在以家族成员的资源和关系为基础的阶段，企业的所有者就是家族主要成员。在这一阶段，家族的参与和领导对家族企业的管理和绩效起着正面的积极作用，主要是因为家族管理者能够向家族企业贡献自己的人力与社会资源，家族成员希望企业发展得更好，从而兑现自己对企业的承诺。因此，家族企业在发展初期，管理决策上较具独断性和集权性；而在创始人的核心家庭成员进入企业后，随着家族成员的增多，控制权会出现重新调配，同时企业的成长也可能展现出多种形式，如产品的成熟、资本化与负债、非家族管理者的发展，以及企业发展过程中的国际化等，企业的经营权和管理方式会发生变化。企业进入成熟期后，产权开始步入多元化，也需要更多、更广泛的外部人才加入，同时企业也需要考虑领导权更替的问题。

如果二代明确表示不愿意接班，或者不具备商业经营和管理的才能，这个时候，非家族成员的职业经理人便成为一个十分必要的选择。然而，要让家族成员接受和认可一个“外人”来掌舵企业，既需要企业创始人具有魄力并进行一定的规划，同时也需要职业经理人具备获得家族信任的能力。而且，在家族企业中，职业经理人往往有着“身份”上的矛盾，家族成员会因担心可能产生的道德风险而却步。但是，在当下中国经济已经从原始资本积累到必须进行产业升级和转型的时代，家族企业如果需要寻找更好的成长机会和发展路径，职业经理人是不可或缺的选择。

法，即公司所有权。家族对企业的所有权很大程度上决定了这个企业是否为家族企业。所有权的结构与分配机制，谁应该拥有何种股票以及拥有的数量，会对家族企业的决策、战略选择以及运营模式产生巨大的影响。有些家族企业的所有权结构即便在所有者已经发生变化的情况下也保持几代不变。但大多数情况下，在家族第一代过世后，所有权的结构和形式就会发生变化，如由单一所有者向多名所有者不断传递，在更广的范围内进行分配。

家族企业的内部控制一直是公司治理经久不衰的话题。传统家族企业一般采用两权合一的方式，以绝对控制为基础。这种家族内部绝对控制的方式对企业成长所需要的资金融通和规模扩大相对不利。在现代商业竞争环境下，家族企业为了适应环境的不断演化，发展出相对所有权的治理模式。当然，所有权的稀释也意味着家族成员在企业内部的权威随之降低。拥有管理权的家族成员可以通过管理手段、奖惩机制、规章制度和企业文化来加强自己的管理权威，进而巩固家族对整个企业的控制。即使家族可能已经不是第一大股东，但家族成员依旧是企业的主心骨——企业的核心力量所在。

家族企业的三环会随着时间的推移而发生变化，其中包括企业组织的变化、家族的变化和所有权分配的变化。每一个子系统（所有权、家族、企业）都会有一个独立的发展维度，即家族发展维度、企业发展维度和所有权发展维度，如图1-2所示。

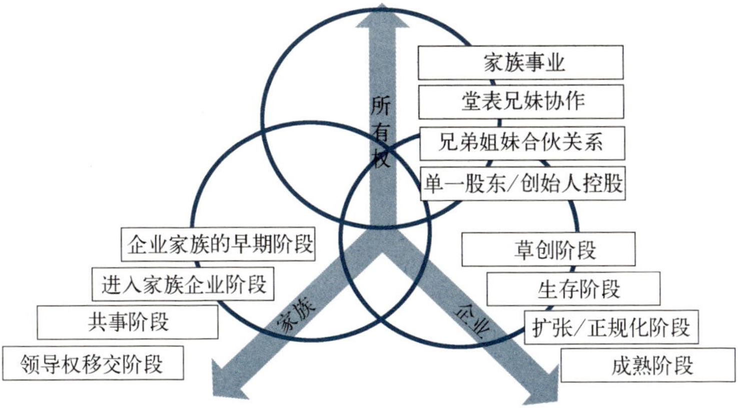

资料来源：Kelin Gersick, Ivan Lansberg, Michele Desjardins and Barbara Dunn. Stages and Transitions: Managing Change in the Family Business［J］. Family Business Review, 1999, 12(4): 287–297.

图 1-2　家族企业三维发展路径

家族发展维度

随着时间的推移，家族成员会经历进入婚姻、为人父母等不同阶段，面对兄弟姐妹关系、姻亲关系、沟通模式和家族角色等方面的问题，而这些都会影响家族的结构和人际关系的发展。根据活跃在企业中的每一代人年龄的不同，企业家族被有效地划分为四个阶段，即“企业家族的早期阶段”“进入家族企业阶段”“共事阶段”和“领导权移交阶段”，体现了一个家族的发展轨迹。在不同的家族中，每个阶段的时间长短会有差异，各个阶段出现的情况也大相径庭。在第一代之后，大部分家族企业系统都有了处于不同阶段的小群体，不同阶段的问题也可能会同时出现。有些家族子嗣单薄，不得不两三代人一起工作；而在其他人丁兴旺的家族中，这些情况从未出现。但随着时间的推移，父母、子女的年龄增大，家族的发展从根本上是沿着一个方向推进的。

企业发展维度

根据企业发展的进程，可将企业发展划分为四个阶段：“草创阶段”“生存阶段”“扩张阶段”和“成熟阶段”。身处不同行业的不同企业，发展速度可能不一样，有些企业可能发展缓慢，停滞不前，甚至倒退；有些可能发展迅速，跳过某些阶段，或是同时徘徊在几个阶段。不同的因素会影响企业的发展进程，比如新市场的开发、新客户资源的获得等都能够推动企业进入快速发展之路。另外，所有权的变化或家族关系的变化，比如大量投资资金的进入、家族的代际传承，都可能推动企业进入下一个发展阶段。

所有权发展维度

以发展的视角思考所有权，其核心问题可以用四个阶段展现："单一股东/创始人控股阶段""兄弟姐妹合伙阶段""堂表兄妹协作阶段""家族事业阶段"。所有权从一种形式向另一种形式的变化是在不断发展的，其顺序是可预见的，并且至少是由家族成员的衰老以及家族规模的扩大导致的。但这并不意味着所有家族企业都按照这一顺序发展，发展顺序并不是一成不变的，有可能因为家族规模的变化及关系影响等，导致顺序颠倒过来发展。

三环理论解构家族财富

在家族企业中，所有权、家族和企业三个维度，每一个维度都在动态发展，相互融合影响，同时又彼此独立，共同形成了不同家族企业各自的发展轨迹。当每个家族企业发展到所有权、家族和企业发展轴的某个点上时，这三个点的集合使企业具备了某种特征。家族企业的每一个子系统都能够获益于相互协调的结构，所以家族财富的传承，也需要从三个维度进行考虑，即家族财富的治理、家族企业的接班和家族精神的传

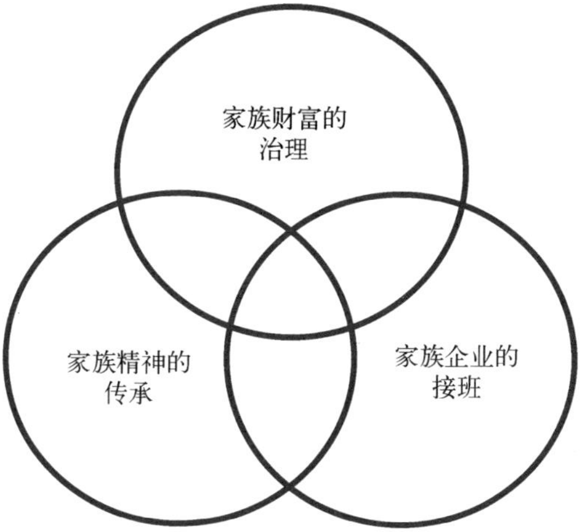

图 1-3　家族财富传承的三个维度

承，如图1-3所示。

第一个维度是家族企业（事业）的传承，即家族企业的接班。企业的传承是指对企业管理权力的传承，即企业的经营管理权从上一代的管理者传承到下一代的管理者的过程，特别是当企业创始人或CEO（首席执行官）计划退休时，需将管理权进行交接。物质财富一般是要留给家族后代的，但是企业传承的选项就比较多了。企业接班包括两个层面：一个是承接股权，成为股东；另一个是承接企业的经营权，成为决策者和管理者。但无论是哪个层面的接班，都需要企业创始人提前思考如何在管理结构上作出选择，这是决定企业的管理权到底应该传给谁的问题。如果家族后代选择承接股权，并不考虑承接企业的经营权，那么未来的企业经营管理是要交给职业经理人，还是要让功勋老臣来接班，抑或是空降外部人才，这些都是家族企业必须面对的问题和挑战。

CEO接班在任何企业都是一个挑战。大企业交接指挥棒一般需要约二十年的时间，可口可乐前CEO穆康泰（Muhtar Kent）用了30年从基层人员晋升为CEO，通用电气公司前CEO杰夫·伊梅尔特（Jeff Immelt）用了18年才被任命为CEO。在中国的家族企业中，宁波方太厨具有限公司创始人茅理翔与儿子茅忠群边创业边传承，以"带三年、帮三年、看三年"的"三三制"原则，花费了至少9年的时间才成功完成了交接。美的公司培养方洪波接班也历经十几年的时间。可见，企业交接班至少需要8～10年的持续培养。不管是从家族内部培养还是由职业经理人接手，企业接班人都需要一个长线培养的过程。本书第3章将进一步探讨在企业接班过程中面对的挑战，包括两代人的代际差异造成的冲突和矛盾、接班的磨合过程，以及职业经理人的任用和接班人的培养。

第二个维度是家族财富的治理。家族企业的所有权带给企业家族股权、房产以及各种不同的投资等物质财富。家族财富治理首先面对的是股权传承的问题。家族财富的传承有两个思路：分家，不分家。受到历史传统的影响，中国家族比较倾向于“分家”，即将家族内部的财富和股权分配给家族不同成员。分家常常产生分配不公平的问题，到底应该多劳多得还是长幼有序，往往会造成家族内部关系的矛盾激化，原来相安无事的兄弟姐妹、连襟妯娌，都可能因分家而关系破裂。欧美许多家族企业选择不分家，以家族信托和基金会方式让家族财富代代传承。

财富分配需要家族创始人具备高深智慧和长远眼光。如方太集团的创始人茅理翔利用控股权与治理权来进行财富的分配。这就要提及方太集团所谓的“口袋”理论，第一个“口袋”是将家族企业与外部的股权作清晰的区分，保证家族控股；第二个“口袋”是家族内部的股权区分清晰，避免家族内部纷争；第三个“口袋”则是将家族内部的经营分开。“口袋”理论的重心就在于家族财富的划分。相反，宁波华茂集团创始人徐万茂对于财富的规划选择“分家不分产”，即确定成立信托基金管理家族成员在华茂的股权。分家不分产的好处：一是可以维护家族的和谐安定；二是可以保证企业所有权全部掌控在家族中，世代传承，不被任何个人主导，也不会因家族成员同代或跨代间的冲突、争斗，成员人数的增多，离婚以及财富管理不当等，造成家族所有权被稀释。家族企业的财富往往与公司股权的分配紧密相关，财富的传承模式从某种程度上来说也是家族企业股份安全分配的方式选择。这两种财富传承的方式，无论家族财富是“聚”还是“散”，其核心都是保证家族接班人的绝对控制权。

财富传承需要运用智慧进行长远规划，明确传给谁、传承什么、何时传承、如何传承，从而达到财富安全、基业长青、家族幸福的最终目的。欧美国家关于私有财富的法律比较健全，许多家族企业也是在有了财富传承的血泪教训之后开始建立更完善的、更有法律保障和依据的家族财富治理模式的。家族治理是财富传承的根基，如何订立家族“宪法”和价值观，确保家族成员认同家族的共同信念，并通过有效的董事会和家族委员会来执行监督，确保家族财富永远属于家族，家族所有成员都能享受家族财富带来的回报，这些都是需要家族企业认真思索的问题。我们将在第4章中进一步介绍关于家族财富治理的规划和方法。家族财富的治理可以通过家族信托或家族基金会进行系统性的长远规划，让家族财富不会因“分家”而分散，更不会因分给无能的后代而让积累的财富瞬间灰飞烟灭。

第三个维度是家族精神的传承。除了股权和管理权的传承，家族精神的传承在家族财富的传承中也是至关重要的。所谓“家和万事兴”，家族价值观或家族信仰对于家族企业的传承意义非凡，除了起到指南针和筛子的作用，共同的价值观更是家族企业竞争优势的来源，拥有家族信仰的家族企业更可能实现家业长青。可以说家族的精神财富才是家族财富的灵魂。如果家族没有正确的家族价值观和良好的家族关系，那么家族所拥有的财富很可能会逐步腐蚀家族成员间的关系，最终落入“富不过三代”的命运。

国外传承几代的家族企业，如罗斯柴尔德、洛克菲勒等财团家族，大都形成了以家族为核心的文化精神。德国家族企业科德宝营造了“团结”“有归属感”“有责任感”的家族文化，凝聚家族成员，并将家族文化延伸至企业的每一个员工。日本百年以上的企业都有自己的家训，如塚喜集团“积善之家必有余庆”的古训。法国欧尚穆里耶兹家族强调家族团结，形成了“透明、勇敢、渴望发展、以人为本、公司为先、顾客至上、提升人们生活品质”的高度一致的家族理念。李锦记建立以“思利及人”为核心的家族精神，其传承的根本是代代相承的家族理念。

拥有48个长寿家族企业成员的汉诺基协会（The Henokiens Association），每家会员企业的历史都已超过200年[1]。这些来自不同国度、具有不同背景的长寿企业，都关注

[1] Henokiens, “About the Henokiens”, https://www.henokiens.com/content.php?id=4&lg=en，访问日期：2019年6月10日。

家族精神，善于将家族精神和文化传递给下一代，它们经历过历史和时代的种种考验，却依旧能代代相传，形成永续经营的家族品牌。

优良的、可传递的家族价值观是家族和企业最好的润滑剂，家族树立信誉形象推动企业发展，企业也为家族带来更好的社会地位，从而使得家族成员对于企业的所有权更加投入和用心。第5章将详细介绍家族精神财富的传承，以及家族企业精神品牌的塑造。

目前中国很多家族企业正处在传承交班的关口，但是许多人更关注的依然是物质财富的传承，比如如何拿赚来的钱做更好的投资并取得更高的回报，以及如何确保财富的安全保险。这些问题是目前许多富人或高净值人群和家族重点关注的，相应的是私人银行、基金理财、信托保险以及家族办公室等服务行业的应运而生。但对于家族财富的传承而言，这只是“术”层面的问题，家族财富的传承更需要“道”层面的思考。由于历史的特殊原因，中国的家族企业近三十余年处于野蛮生长的状态，很多一代企业家在忙碌中没有时间思考家族文化传承等问题，更多考虑的是财富积累后如何投资以及财富分配和资产安全的问题。从长远考虑，在财富传承过程中，如果家族内部缺少一种凝聚人心的共同信念、家训和家族文化的熏陶，缺乏适度的家族治理和家族“宪法”，年轻一代对父辈们的事业缺乏认同感，不愿意接班或没能力接班，家族企业将面临被时代淘汰的挑战。家族财富的传承需要平衡家族企业三环中的情、理、法。

第2章

财富的魔咒

“富不过三代”：情、理、法的纠结

胡润研究院2017年发布的财富报告显示，目前大中华地区千万资产高净值家庭中，企业拥有者的比例达到55%；亿万资产超高净值家庭中，企业主占75%。拥有高净值财富的中国家族企业主不断增长，随之而来的是财富传承的困扰[1]。基业长青是每一个家族企业的期望和梦想，但“富不过三代”的古老魔咒也一直是家族企业挥之不去的阴影。

“富有但丑恶”（Rich but Ugly）是许多人对家族企业的负面印象。发生在许多知名家族企业中的内部纷争，无不暴露出人性的贪婪和自私，频发的利益纷争毁掉了家族成员间原有的爱和亲情，最终导致家族分裂。如著名的古驰（Gucci）品牌，由于家族第三代的内部纷争和分裂，公司股份被巴林私募股权公司（Investcorp）收购，古驰家族最后完全淡出古驰公司。如新加坡百年老字号杨协成公司发展至第三代，由于经营理念分歧，家族成员间的矛盾越演越烈，最

[1] 胡润研究院：《2017胡润财富报告》，http://www.hurun.net/CN/Article/Details?num=A831ED47918C，访问日期：2019年6月10日。

终家族走向分崩离析，家族企业被远东地产收购，家族持股也消失殆尽。如“台湾经营之神”王永庆逝世之后，他留下的高达600多亿元人民币的家族资产，引发家族成员间的诉讼纷争、抢班夺权，其三房太太和10名子女相继在不同国家和地区起诉要求分割遗产。又如香港霍英东家族在霍英东逝世之后，霍家三房太太及13名子女就遗产分配问题不断上诉，爆发一场又一场的夺权风波。再如澳门何鸿燊家族，一代创始人尚未逝世就已经发生妻室子女对资产的争夺大战。这些都是家族财富传承引发的问题和挑战。如果缺乏家族信仰，没有共同价值观，那么家族的财富就将变成纠缠在家族成员之间的恶魔，人性的贪婪与丑恶也将主导家族最终的命运。

有研究显示，有30%的家族企业能传承至第二代，12%的企业能延续至第三代，仅有3%的企业能发展到四代或四代以上[1]，“富不过三代”的魔咒始终缠绕着家族企业。从以下三个案例可以看到家族企业由创业走向兴盛，再由兴盛走向衰亡的过程。古驰家族从一代创始人一手创立品牌到三代将公司

[1] Claudio Fernández-Aráoz,Sonny Iqbal and Jörg Ritter, “Leadership Lessons from Great Family Businesses”, Harvard Business Review, https://hbr.org/2015/04/leadership-lessons-from-great-family-businesses.

推到破产的边缘，家族关系的分崩离析最终导致家族的衰败；杨协成家族从一代艰苦创业到四代之间的矛盾愈演愈烈，家族成员的股权纷争最终导致家族走向分裂；海鑫钢铁从一代的辉煌成功到二代的失败没落，接班转型的失败最终导致家族企业走向破产。家族企业本身的复杂性以及情、理、法的纠结，让家族企业的基业长青成为小概率事件。其中的根本的原因是什么呢？可以从三环模型分析和归纳家族企业失败的关键因素，如图2-1所示。

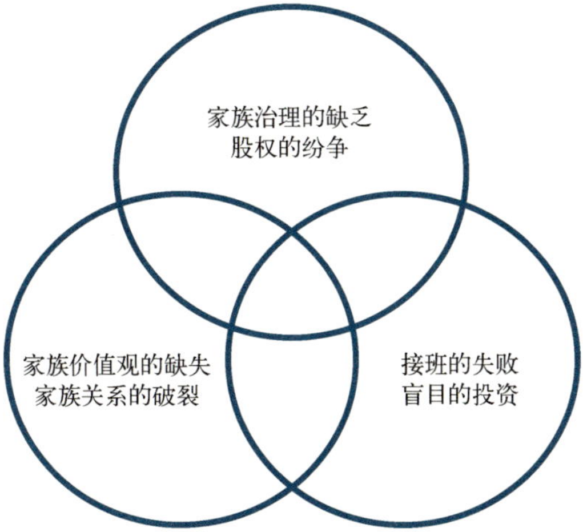

图 2-1 家族企业失败的因素

家族价值观的缺失

案例：古驰家族的浮沉[1]

作为时尚和奢侈品行业领头羊的古驰，在其成功的品牌背后，隐藏着一段鲜为人知的血腥家族史。创始人古驰奥一手创立的古驰公司，最后因家族内部的纷争和分裂而使古驰家族完全淡出。

1899年，17岁的意大利少年古驰奥·古驰（Guccio Gucci）在英国伦敦奢华的索威酒店厨房做帮工。印有客人名字字母缩写的豪华行李箱和帽子盒让古驰奥意识到，商品的精细品质和高昂价格是彰显身份、财富与成功的重要标志。第一次世界大战期间，古驰奥从学徒开始做起，加盟了一家优质皮具制作公司，很快就熟练掌握了皮具制作技术并熟悉了上下游业务的各个环节。1922年战乱结束后，古驰奥开始创业。由于古驰奥了解富人对品质生活的追求，因此他将古驰品牌的经营方针确定为“小规模、成就大事业”，以确保古驰产品的品质、服务、设计等都能达到同时代最高的水准。例如在选才

[1] 内容来源于中欧国际工商学院案例研究中心，由梁能、赵子倩提供。

方面，古驰奥设立严格的人才选拔标准，只聘请手艺最好的工匠；在产品内容方面，古驰产品品类包括各式各样的皮具，大到行李箱和手提包，小到皮带、钥匙链等一应俱全。同时，古驰奥将象征精英阶层的马术元素引入品牌设计。经过一系列的设计探索，古驰产品被无数豪门贵族和明星大腕争相购买。到20世纪70年代，古驰品牌已经享誉全球。

1. 本是同根生，相煎何太急

古驰奥育有三儿一女，三个儿子分别是奥尔多、瓦斯科和鲁道夫。由于性格内向加上日常工作繁忙，古驰奥与子女们沟通较少，在情感上与他们始终比较疏远。他鼓励儿子们相互竞争，但将女儿排除在外。同时，即使每个儿子对公司的贡献不一样，古驰奥还是坚持公平的理念，让每一个男性后裔拥有相同的公司股份，从而使三兄弟之间产生了很深的隔阂。

长子奥尔多最具生意头脑，虽然读书不多，却野心勃勃。他最早参与公司的经营，在品牌和营销方面贡献突出，象征着财富与特权的古驰经典“GG”商标和经典的竹节包都出自他手。次子瓦斯科自由散漫，没有经商意识。三子鲁道夫早年进入影坛，第二次世界大战结束后才涉足家族生意。父亲分给三兄弟同等的股份，使得他们之间相互不服气，暗中较量。

向来对奢侈品市场发展极富远见的古驰奥却没有对身后的控制权传承做任何安排。1953年古驰奥去世后，大哥奥尔多和三弟鲁道夫结盟抵制二弟瓦斯科，改变了父亲“小而美”的经营方针。兄弟三人又联合起来拒绝了姐姐关于平分遗产的诉求。在奥尔多的努力下，1967年古驰门店扩张到美国全境，并在海外设立多家门店。但随之而来的管理挑战与家族纷争叠加，使得公司内部的控制权问题变得更为棘手。

2. 三代崛起，股权之争

随着家族第三代的加入，大哥奥尔多和三弟鲁道夫都企图通过扶持自己的儿子来控制公司，公司的控制权争夺变得愈加复杂。二弟瓦斯科1972年去世后，大哥奥尔多和三弟鲁道夫买断了瓦斯科遗孀的股份，使得二人各占公司股份的50%。奥尔多有三个儿子，他将其10%的股份均分给他的三个儿子。鲁道夫则没有让自己的独子莫里吉奥拥有任何公司股份，只是把他视为实现个人目标的工具。

奥尔多的次子保罗经历了与三叔鲁道夫在佛罗伦萨总部的管理权之争，惨遭失败。之后保罗接管了当时位于新兴市场美国纽约的古驰门店，心存不满的他擅自使用家族姓氏推出了

“保罗·古驰”品牌。奥尔多一怒之下解雇了保罗，并通过法律诉讼阻止该品牌的推出，导致父子关系达到冰点。穷途末路的保罗将奥尔多多年逃税的证据提交给政府部门，亲手将81岁的父亲送进了监狱。

鲁道夫的独子莫里吉奥从小失去母亲，在父亲的呵护下成长，为人乖巧，循规蹈矩，但长大成人后却变得叛逆不羁，希望摆脱父亲的束缚。他违背父亲的意愿，执意迎娶了一位卡车司机的女儿。为了阻拦莫里吉奥，鲁道夫威胁他不会分到古驰家族一分钱。莫里吉奥当时并没有反抗，而是选择耐心等待，在鲁道夫1983年去世后，他顺利接管了古驰公司50%的股份。

莫里吉奥在1988年引入全球著名风险投资和管理公司——巴林私募股权公司，陆续买断奥尔多父子50%的股份，最终成为古驰家族股份的唯一控制人。

3. 奢靡的生活，错误的投资

莫里吉奥独揽大权之后，在其主持工作的五年时间里，通过任命两位职业经理人来帮助公司扭转颓势。古驰公司获得全新的性感元素，跻身世界一流时装品牌。但与此同时，莫里吉奥在生活上沉迷于名车、豪宅、私人飞机，婚姻也遭遇危机。1985年圣诞节，莫里吉奥假称出差离家出走，却在第二天给妻子帕特里起亚送去了离婚协议书。帕特里起亚非常愤怒，一场婚姻悲剧开始酝酿。

1993年，莫里吉奥因为频频的决策失误，将古驰推到破产的边缘。公司股东通过投票把他赶出了董事会，其名下全部的股票也卖给了巴林私募股权公司。自此古驰家族永远失去了对古驰公司的管理权和控制权。

4. 失败的婚姻，最后一根稻草

1995年9月23日早晨，莫里吉奥刚走到办公室门口，突然两声枪响，他当场丧命。两年后，莫里吉奥的前妻帕特里起亚因为买凶杀人被判处26年监禁。

自那以后，古驰品牌完全由职业经理人领导，并重新站到了时尚和奢侈品的前沿，在奢侈品舞台上始终屹立不倒。但古驰家族却与这些再无任何关联。古驰的创始人古驰奥造就了一个如此辉煌的品牌，却留下一部家族的血腥史。

通过古驰家族的例子，我们可以看到，随着企业规模的扩大，管理问题日趋复杂，财富的日益增加使得家族成员之间的分歧转变为巨大的实际利益冲突。父子相争，兄弟相煎，叔侄相背，夫妻相恨，正是因为古驰家族缺少了共同信仰和统一的价值观，才使得利益和仇恨引发家族成员之间的斗争，最终导致家族分崩离析，应验了“富不过三代”的魔咒。

家族治理的缺乏

案例：杨协成的兴衰

成也家族，败也家族。子孙所拥有的继承权和控制权这一对剪不断理还乱的关系，令“富不过三代”的魔咒也在这家新加坡百年家族企业身上再次应验。新加坡杨协成有限公司是一家经营饮料和罐装食品的百年老字号，最早经营酱油业，由41岁的杨景连于1901年创办于中国福建漳州。把公司命名为“杨协成”，寓意着信仰基督教的杨老先生希望家族在耶稣基督的庇佑下，通过子孙后代同心协力，实现家族事业的日益兴盛和世代传承。杨景连一共养育了五男三女，五兄弟名字的最后一个字分别为“恩、赐、求、成、华”。

由于生意逐渐扩大，长子、次子不得不辍学，协助父亲经商，其他子女才因此得以去往高等学府深造。1935年，杨景连60岁时，由于身体原因将漳州酱园传给了22岁的长子杨天恩。杨天恩不负使命，酱园的生意很快占据了漳州市场。同时，在他的支持下，弟妹学业有成，几人共谋家族发展。父亲辞世后，杨天恩奉母命到海外寻求发展，二弟、五弟接管漳州酱园。1937年，杨天恩在新加坡开厂，沿用杨协成字号，携三弟、四弟共谋发展。

由于当时中国政局动荡，五兄弟便扎根新加坡，齐心协力为家族事业而奔走，搭起“兄弟班”创业。1946年，三弟杨天求找到新的建厂地段，长兄杨天恩通过在汇丰工作的亲家提供贷款，新厂成功落成，打响了“杨协成”这一品牌。此外，大姐之子、杨家外甥陈志德的瓶装豆奶获得专利，这使杨协成的经营开始多元化。公司在新加坡的业务得到长足发展，后进入马来西亚市场。

1. 二十载后，兄弟分家

1956年，为分配家庭财产，五兄弟签订了“立分书”。所有家产共7份，五兄弟各得1份，长孙杨至明得1份，长子杨天恩的另一个儿子杨至杰由于对家族和事业的特殊贡献也得1份。为了顾念家族源出一系、持续骨肉之情，“立分书”还规定了栽培晚辈的奖学金，支持后代加入家族事业，对陷入贫困者施以提携，等等。这份“立分书”对财产分配、家庭成员在公司的任职以及家族后代的培养作了纲领性的规定。

1968年，公司在新加坡上市之际，为保护上市后的家族控制权，家族成员协议成立“杨协成控股公司”，控制上市公司49%的股权。作为家族决策平台的控股公司，本质上类似于合伙企业，兄弟几人在谈笑中商议公司事务，对外保持意见一致。在确认了各自资产的份额后，兄弟子侄逐个加入家族企业，为公司效力。20世纪60年代到80年代，是杨协成公司的黄金时期，为新加坡本土企业走向国际树立了典范。

2. 三代接手，决策困难

20世纪90年代之后，三代陆陆续续加入企业，家族控股公司也从原先“立分书”的规定，逐步演变为七个家庭持股，董事席位也逐渐落在三代的肩上。自1985年杨天恩辞世后，他的儿子杨至耀便接受委任成为上市公司主席兼总裁。随着家族越来越大，这七个家庭繁衍出更多的家庭成员，每个小家庭难免会为各自的利益打算，代际关系变得十分复杂。股东会议从轻松决断变为争执不断，股东们对企业的经营和发展总有不同的意见及看法，尤其在1991年公司业务发生亏损后，股东们很难再达成共识，决策只能采取少数服从多数的方式，矛盾一直无法化解。

1992年，家族矛盾愈演愈烈，控股公司亟须行之有效的决策方式。杨协成的三子杨天求之子杨至伟提出，将控股公司分成六家私人公司，但并未获得其他股东的同意。接着，杨天成和杨至伟两个持股家庭决定退出家族企业，出售手中的股票。杨至耀协调买卖双方不成，反而被怀疑刻意隐瞒交易价格，导致计划失败。为保持管理上的一致性，杨至耀拒绝了一些家族成员的议案，并要求他们辞去董事或其他管理职位。这令家族成员心灰意冷，反感杨至耀的独断专行，更坚定了他们退出的决心。一连串的事件严重恶化了家族成员之间的关系，完全失去了家族成员在创业时期齐心协力的信任感，家族内部关系彻底破裂。

3. 股权争夺，家族破裂

家族冲突最尖锐的表现莫过于1994年4月永泰收购杨协成事件，这也是压倒杨氏家族的最后一根稻草，并导致家族企业最终解体。收购事件中，杨至耀以个人名义公开表示支持，并获得另外三个家庭的附议，他们共同持有控股公司47%的股权。但是，另外持股53%的三个家庭却坚决表示反对。而且他们发现，早在当年1月份，杨至耀就通过他的儿子向其他家族成员提出购买4.32%的股权。虽然提议未被接受，但收购意图被公开后，反对派突然发现自己差一点就被杨至耀出卖，因为如果当初提议被履行，那么杨至耀一派的股份将会超过50%。因此，他们的反应十分激烈，不仅提出要收购赞成派47%的股份，还要罢免杨至耀的主席职位，理由是在杨至耀的领导下，杨协成有限公司的业绩表现逊色。此外，杨至耀的独断专行以及强迫其他家庭成员辞职的行为，使他早已失去家族多数成员的信任。杨至耀一派则认为，反对派只是担心自己会失去在公司的职位和影响力，并非真的为公司着想。

杨至耀的反击措施是，既然控股公司的矛盾不可调和，那么他就向法庭申请解散公司，让控股公司的各个家族直接持有上市公司的股票，采取投票的决策方式。他申请庭令，阻止控股公司对上市公司提出任何要求，其中包括董事会任职人选。法庭最终支持了“上市公司可制定罢免决议，控股公司不得干涉”的原则。控股公司最终被解散。这样的结果令无论杨氏家族的哪一派都感到伤心和失望。

在杨氏家族分崩离析的次年，即1995年，杨协成有限公司被远东地产高价收购，工厂所在地段被高价卖出。一年内，家族持股逐渐消失殆尽，家族成员也陆续离开原来的岗位，包括杨至耀本人。直至2016年，杨协成有限公司仍然由远东机构控股，是后者旗下的两家上市公司之一，却再与杨氏家族无关。

从杨协成的案例中我们看到，杨氏家族一代和二代同心同德、艰苦创业，在他们身上发挥作用的是“情理”，为何到了三代却导致家族企业分崩离析？从二代到三代，随着家族成员越来越多，成员之间已经不再是同一个屋檐下长大的兄弟姐妹，表兄弟姐妹之间的关系远不如亲兄弟姐妹的感情，亲情与信任不断被冲淡，原来的“情理”关系，已不足以维系不同家庭成员间的关系并满足他们的需求。发展到一定规模的家族必须超越情理，建立家族治理机制，以更清晰的家族宪章和家族治理体系去管理和协调各方利益群体，加强决策的有序性和规范性，确保每个个体服从家族的规范和治理。只有这样，家族企业才能基业长青。

企业接班转型的失败

案例：海鑫钢铁的没落

1987年，从炼焦起家的李海仓创立海鑫钢铁公司。因为经营有方，他被称为“山西钢铁大王”。至2003年，海鑫钢铁已经发展成为资产规模超过40亿元的地方支柱企业、山西省第二大钢铁企业。令人震惊的是，2003年的农历新年前夕，李海仓在办公室被枪杀。当时只有22岁的李海仓之子李兆会正在澳洲学习金融，在爷爷李春元的主持下，对接班没有丝毫准备的李兆会辍学回国，成为海鑫集团的董事长。

李兆会接班初期，海鑫钢铁在李海仓打下的坚实基础上呈现了较好的发展势头。2003年，海鑫钢铁的资产总值达到50多亿元，上缴利税超过10亿元。2004年，海鑫钢铁总产值达到70亿元。同年，海鑫钢铁被评为纳税全国民企第一。李兆会在2004年度《福布斯》“中国富豪排行榜”中位列第19，超过父亲在世时第27位的排名。

1. 接班后的明争暗斗

李兆会临危受命后，公司面临十分严峻的“内忧”。由于李海仓早年四处奔波，委托五弟李天虎打理了很多公司事务，造成了一些权力的转移。李兆会接班初期，虽是名义上的董事长，但临时辅导小组手握很多实权，在爷爷李春元的强力支持下他进行了重新洗牌。当时的公司元老级核心人物副董事长辛存海被巧妙调离，之后，李天虎也淡出了公众视野。李兆会大刀阔斧地开始组建自己的核心团队，他请来了和自己关系亲密的六叔李文杰担任公司总裁。2009年以后，李文杰也从公司管理层淡出，李兆会的妹妹李兆霞掌握公司财权，成为公司的实际控制人。但李兆霞长期居住在外地，无法每天实地管理公司，只在公司需要重要决策的时候露面。家族骨干的不断流失，使得海鑫钢铁举步维艰。

2. 抽取实业资金，盲目资本投资

资本市场的快钱比做实业赚的辛苦钱来得更容易，造成当时中国的很多实业家投身于资本市场，摇身变成投资人。接班后的李兆会对经营钢铁业务并不感兴趣，热衷于资本运作。以海鑫钢铁旗下的山西海鑫实业为平台，李兆会将海鑫钢铁变成他涉足金融投资的“提款机”。2004年，李兆会投资6亿元成为当时民生银行的第十大股东，持有民生银行1.61亿股，并在2007年牛市最高点抛售了民生银行1亿股，套现超过10亿元，这成为李兆会在资本市场上最成功的一笔投资。

李兆会从2004年开始以北京为据点，成立了数家投资平台公司，布局和从事对基金、证券、影视等领域的投资业务，公司总部实际上成为一个“空巢”。他和妹妹李兆霞以海鑫钢铁为基础，编织复杂而神秘的资本运作体系。李兆会以快进快出的方式先后入股过光大银行、兴业证券、银华基金等多家金融机构。除此之外，李兆会还在二级市场投资了中国铝业、鲁能泰山等上市公司。但这些投资并没有取得很出色的业绩。

除了在资本市场的投资，海鑫钢铁也曾多元化发展，如

投资儿童游乐场、动漫、玩具以及儿童医药、服装、教育等领域。海鑫钢铁在2009年曾斥资亿元在北京建设了中国第一家儿童体验城，2012年在青岛建设了第二家……布局各大一线城市。这些无疑都耗费了巨额的资本。

3. 企业转型判断失误

2005年下半年，钢价下滑，2006年第一季度，全国钢铁企业面临大面积的亏损。然而李兆会并没有调整减产，而是扩大生产规模，将父亲留下的旧高炉和炼钢炉都拆了，重建新造。自2006年以来，国家环保部、山西省环保厅等部门多次通报批评或督办整改海鑫钢铁的违规项目。随后2008年金融危机爆发，钢铁行业受到波及，海鑫钢铁停产达半年之久。从2012年至今，钢铁行业明显的产能过剩更是让很多钢铁企业难以生存。而海鑫钢铁对转型的判断再次失误，非但没有进行整合和提高效率，反而加大产能建设，导致最后破产。

从2013年底开始，海鑫钢铁的生产就陆续出现问题，2014年春节后，工厂的六座高炉陆续停产，海鑫钢铁身负数十亿元债务。李兆会不断地从海鑫钢铁抽血输入资本市场，但之后很多资金都消失了，并没有回到企业中支持海鑫钢铁的发展。受金融危机和产能过剩的冲击，金融部门抽贷，再加之企业内部的管理问题，海鑫钢铁自2013年底开始资金吃紧，2014年全面停产，债权人集中上门讨债。同年11月，海鑫钢铁进入正式的破产程序，这个庞大的“钢铁帝国”最终难逃败落的命运，成为当时国内最大的民营企业破产案。

二代接班人——80后李兆会用了11年的时间（2003—2014），把父亲留给他的山西省第二大钢铁企业、规模最大的民营企业——海鑫钢铁败光。在李兆会接班的早期，由于父亲李海仓及家族的影响还能维系一段时间，且经济形势较好，钢铁产业当时的销售及盈利状况都很好，并且赶上了2005—2007年的大牛市，但随着经济衰退，钢铁行业的产能过剩，李兆会因企业管理判断失误，没有及时转型。再加上李兆会过度热衷于资本运作，忽视实体企业的发展，抽离了原有的主业，特别是在企业实体出现问题时没能及时抽回资金进行补救，负债累累，导致了海鑫钢铁最终的没落。

拆家，分家，败家

从以上三个案例可以看到，情、理、法的失衡往往是家族企业“富不过三代”的原因，而其中家族关系和家族治理更为关键。一般企业也会面对情、理、法三环中所有权的争夺和企业接班的问题，但在家族企业中，“家”这一环是其最独特的优势，却也往往是其最致命的一环。

家是家族企业的基础，家庭关系的破裂是导致家族企业消亡的首要因素。在家族发展的维度上，家族成员会经历婚姻、为人父母等不同阶段，需要应对兄弟姐妹关系、姻亲、沟通模式和家族角色等方面的问题，家族的结构和人际关系也将随之发展。随着家族的发展，家庭关系中会出现拆家（夫妻离婚）、分家（代际传承中兄弟姐妹分家）和败家（后代无德无能）的风险。

家庭关系中婚姻关系是首位，夫妻关系带来的家庭和谐对一个家族企业的稳定发展具有决定性的作用。夫妻离婚带来的是拆家的风险。比如，华人餐饮企业真功夫创始人蔡达标、潘敏峰夫妻与潘敏峰的弟弟潘宇海联合创业，将东莞一家路边蒸品餐厅，经营成为国内知名的中式餐饮连锁机构“真功夫”。但因利益纠纷，夫妻离婚，由此产生的姻亲纽带破裂造成创始家族之间的合作关系破裂，引发了两个家族拆夺家业。

分家是财富传承的另一个风险。分家是中国人的传统方式，但也常常会引发兄弟纷争。香港“名人饭堂”镛记酒家创始人离世后，第二代掌舵人甘健成与二弟甘琨礼两兄弟因争夺公司股权导致母公司被强制清盘，家族企业因兄弟分家夺产而衰落。另一个例子，香港首富李嘉诚对后代的安排也采用了分家的方法，但他表示，“用分家来传承，而不是在自己去世后，下一代用诉讼来分家”，希望这样的提前安排让两个儿子“可以有兄弟做”，不至于反目成仇。

财富传承的另一个风险是败家。一代在事业成功后，往往会让孩子过上奢侈的物质生活。过多的金钱，在错误的人手上可能就会造成灾难。海翔药业创始人罗邦鹏的儿子罗煜竑在接班4年后以3.8亿元总价转让其所持有的全部股权，正式退出这家由其父辈创立并经营了40年的家族企业。自继承家族企业以来，罗煜竑就遭到公司内部和投资方的批评，被认为缺乏战略眼光、不具备执行力和管理能力。更有坊间传闻，罗煜竑是因嗜赌而让家族背负了高达5亿元的赌债，因此不得不卖出公司的股份还债。

家族企业要破解“富不过三代”的魔咒，有赖于创始人对家族关系的重视以及对家族价值观的培养，创建反映家族资产、文化传统的家族精神以及企业文化。同时，还需要逐步构建合理的家族治理体系和家族“宪法”，只有这样才能确保在创始人退休或去世后，家族的财富和品牌可以继续发扬光大，让下一代基于家族精神来维持家族财富，并代代相传。

第3章

家族企业的接班

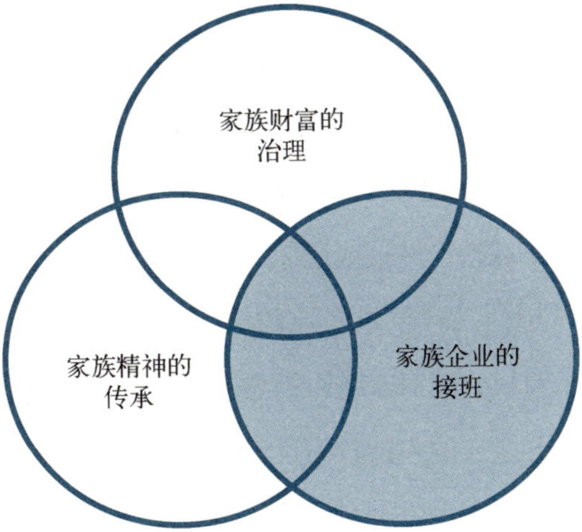

接班的挑战

中国的第一代民营企业家在历经近四十年的奋斗后，无论是企业资产还是家族财富都积累到了一定的程度，家族企业的发展也已然进入交接班的传承阶段。目前，中国一代企业家们的年龄大多为55～75岁，尽管“交棒”问题已经迫在眉睫，但是相当数量的企业家仍未将交接班问题提上日程。据2015年中国民营经济研究会家族企业委员会编著的《中国家族企业传承报告》，在被调查的3 036位家族企业主中，1 346位尚未考虑过传承问题，占比达44.3%之多[1]。

在2012年中欧国际工商学院家族传承研究中心开展的一项调研中，绝大多数一代企业家都希望自己的企业能够被传承下去，有40%的一代希望由家族第二代继承，但也有55%的一代愿意考虑由职业经理人接管，只有5%的一代接受在后继无人的情况下减持、转让或退休后关闭企业[2]。

对于希望由二代继承企业的一代创始人来说，他们认为二代应继承股权，但对于是否需要同时继承和行使管理权这个问题，近三分之二的人持较为灵活的态度，他们能够接受家族第二代以持股股东身份拥有企业，同时聘用职业经理人管理企业的方式，若企业遇重大危机或职业经理人不称职，二代可介入亲自管理企业。这也间接表明一代民营企业家在管理权继承的问题上，并没有压倒性的倾向。

但从二代的角度来看，他们大多接受过海外教育。拥有西方教育背景的二代与一代在思想观念上存在差异，对家族传统实业的接受度也相对较低。由全国工商联研究室、中山大学中国家族企业研究中心、浙江大学城市学院家族企业研究所和

---

[1] 中国民营经济研究会家族企业委员会.中国家族企业传承报告［M］.北京：中信出版社，2015.

[2] 李秀娟，芮萌，陆韵婷，崔之瑜.继承者的意愿与承诺——中国家族企业接班白皮书.中欧国际工商学院家族传承研究中心，2014.

李锦记家族共同发起的调研显示，家族企业二代中有接班意愿的仅为35%[1]。

二代不愿意接班的原因有许多，传统制造业不景气是其中一个因素，面对企业转型升级的压力和市场快钱的诱惑，很多二代对金融和投资的兴趣远远大于对父辈产业继承的兴趣。同时，独生子女政策这一大背景也给中国家族企业接班带来了很大的挑战。在富裕家庭中成长起来的这一代，不愿再像父辈那样赚辛苦钱。加上他们大多接受过海外教育，有很大一部分人具有金融、经济、财务等相关的专业背景，使得他们更愿意从事金融投资业，选择投资人的生活方式。

当然，金融投资可以成为家族企业的另一只翅膀。通过选择“两手抓”的策略，二代可以借助资本运作的方式将传统业务与新业务结合起来，在原有的家族资源、信誉、品牌和人脉关系积累的基础上通过金融投资增加家族企业的财务杠杆，提升盈利水平。此外，企业的多元化发展也有助于增强企业在经济波动时期的抗风险能力。二代也可以选择不接手家族企业的管理，自己在外创立投资公司，然后以股东身份进入家族企业董事会成为非执行董事。但如果二代所从事的投资业务与企

---

[1] 中国民（私）营经济研究会家族企业研究课题组. 中国家族企业发展报告2011［M］. 北京：中信出版社，2011.

业实体之间无法实现清晰的分离，并缺乏有效的制约，那可能就会产生像第2章所提到的海鑫钢铁案例那样的恶果：盲目的投资致使企业快速走向衰亡。

接班中的代际差异

由于两代人在成长环境、教育背景、所面临的时代机遇和挑战等方面存在差异，在思维方式、价值观和世界观的认知上也不尽相同（见表3-1），加上传承和转型的双重挑战，接班之路难免曲折。

表 3-1　两代人的代际差异

	一　代	二　代
时代背景	改革开放第一波浪潮	经济社会转型，互联网思维的冲击
教育背景	多为小学、高中	多有海外留学经历
价值观	吃苦耐劳，传统观念深厚	享受生活，易于接受新事物
企业管理理念	重视经验	重视专业
创新性	经验优势导向	知识优势导向
风险承担性	机会和关系驱动	客户和市场驱动
先动性	关注生产制造等	关注品牌和系统管理等

一代企业家大多出生在资源匮乏的年代，受益于当时的历史契机，行走于广阔的市场中，他们经历过一穷二白的阶段，往往更加注重物质财富的积累，传统观念深厚。一代企业家的经验、阅历和领导力更多来自商场实战，在企业管理中依靠经验积累，属于典型的“经验派”。二代出生在资源丰富且社会稳定的年代，成长在条件优渥的家庭环境中，拥有良好的物质条件，注重生活享受。他们普遍有海外留学背景，有更开阔的视野并易于接受新事物；在价值观导向上更容易受到西方文化和管理思维的影响，在企业管理中偏向现代化的企业管理方式，容易与上一代产生分歧。

两代人之间的代际差异往往会导致接班过程中的冲突和矛盾。一方面，一代将毕生的精力完全投入企业建设中，将企业视为生命，会出现不愿退休或者退而不休的情况，难以真正放权。另一方面，二代与企业并没有建立深厚的情感联结，他们在人生追求上更加关注自我、向往自由，比较难以接受传统的权威领导。此外，目前大多数中国家族企业仍处于传统行业，二代在接班的同时也面临创新和转型的挑战，两代人对于企业管理和转型的分歧将可能进一步引起他们之间的沟通不畅。加上复杂的家庭关系牵制，如在接班部署中的二代婚姻问题、财富分配问题等，也经常影响家族成员之间的相处和沟通。

由于成长背景的不同，“创一代”和“富二代”的创业导向（entrepreneurial orientation，EO）也有相当的差异。创业导向被视为企业创新活动的一个重要能力基础。Covin和Slevin（1989）提出了创业导向三大维度的概念，其中包括创新性（innovativeness）、风险承担性（risk taking）和先动性（proactiveness）[1]。创业导向是决定家族企业韧性与长期生存能力的一个重要因素，并受到家族动态的显著影响。创业导向会随着企业的不同发展阶段而改变。由于创始人与继任者的创业导向本身存在差异，在企业不同发展时期的影响力也有所不同，因此会造成许多决策上的矛盾。

创新性是创业导向中影响家族企业长期绩效的关键维度。一代建立的家族企业多集中于制造业等传统行业，他们奉行守成思想，努力把企业掌控在家族手中，从而显得更为保守。而二代中许多人都曾接受西方教育，专业背景多集中在金融、商业管理、时装设计、电气工程和计算机科学等学科。相对而言，二代的专业性和系统化程度更高，更加具有开放性，做事

[1] Covin, Jeffrey G. and Dennis P. Slevin, “Strategic Management of Small Firms in Hostile and Benign Environments”, *Strategic Management Journal*, 1989, 10(1), pp.75–87.

往往另辟蹊径，更具创新意识。

因此，二代也往往比一代具有更强的风险承担性。站在二代的立场上来看，他们若想超越父辈，提升公司业绩，促进其发展，就须另谋拓展之途。二代只有完成自身的修整与重塑，才有望在财务业绩与增速方面赶上父辈的水平，由此会导致他们的风险偏好上升。

先动性是指采取超前举措开拓新兴产业，例如寻找新的市场机会、实施可行的应对方案来推动环境的改变。先动性强的人更有可能先于竞争对手推出新产品和新品牌，并据此制定战略，先发制人。具有先动性的公司会下功夫进行环境扫描与监测，洞察新趋势，了解最新的竞争动态。中国第一代创业者大多生于20世纪60年代，一般出身贫寒。他们创业的主要动机是谋求生存，让家人过上富裕的生活。相反，家族企业的第二代接班人含着金钥匙出生，相较于第一代人以谋求生存作为目标，他们更注重追求“自我实现”，愿意投身于更加激烈的市场竞争，勇于尝试更多的新事物。

另外，在获取资源和分配方式上，两代人也具有不同的倾向。家族企业一般可获得四种资源，即人力资本、社会资本、金融资本和特殊性资产，这些资源对家族企业的发展及创新都具有一定的影响力。

人力资本：它是指劳动者受到教育、培训、实践经验、迁移等方面的投资而获得的知识和技能的积累。

社会资本：它是指个体或团队之间的关联，即社会网络、互惠性规范和由此产生的信任，是人们在社会结构中所处的位置给他们带来的资源。

金融资本：它是指独立存在于家族之外的可以为家族带来财务贡献的资源。既包括企业、证券、股权投资等为家族带来直接经济收益的资本，也包括信托、保险、避税设计等起到保有家族财富、实现财务稳定作用的资本。

特殊性资产：它是指企业发展过程中所积累形成的具有特殊竞争优势的资产，比如专有的设备、独特的区域优势、别人难以复制的技术等。

如图3–1所示，两代人对于这四种资源的重要性排序整体上是趋于一致的[1]。其中，两代人都认为人力资本最为重要，且二代对于人才的看重要明显高于一代。对于社会资本以及金融资本，两代人的重要性排序几乎一致，即对金融资本的重视程度要高于社会资本。但是，在特殊性资产方面，两代人之间存在一定的差别，一代对于资产技术和社会资本的重视程度相

[1] 李秀娟，陆韵婷，吕斐斐.两代人的创业导向有何不同［J］.家族企业，2017，（3）：39–41.

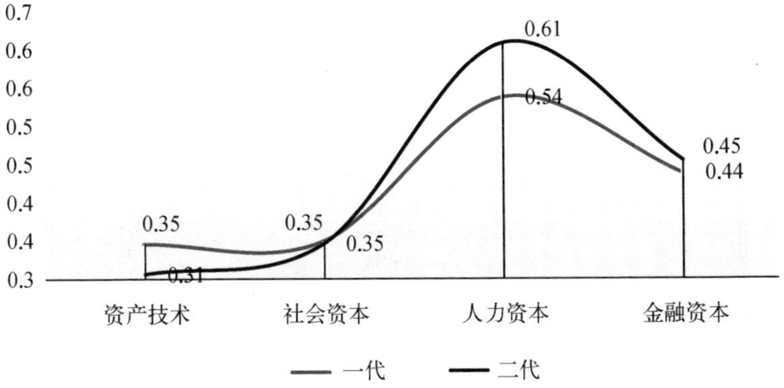

图 3-1 两代人对资源重要性关注的差异

同，而二代相对而言比较不重视实物资产方面的资源。

接班过程的冲突和磨合

正因为代际之间许多的背景和思维差异，接班成了一个困难的磨合过程。特别是在交接班前期，双方的价值观、经营思路以及管理方式的差异，往往会使二代因无所适从而选择离开。接班的历程短则三五年，长则十年，甚至二三十年。过程总是一波三折，在矛盾冲突、不断磨合中前进。在图3-2中，从个人认知、相互关系、权力博弈、管理导向四个方面归纳两代人在接班过程中经历的不同阶段，即初始阶段、冲突阶段、

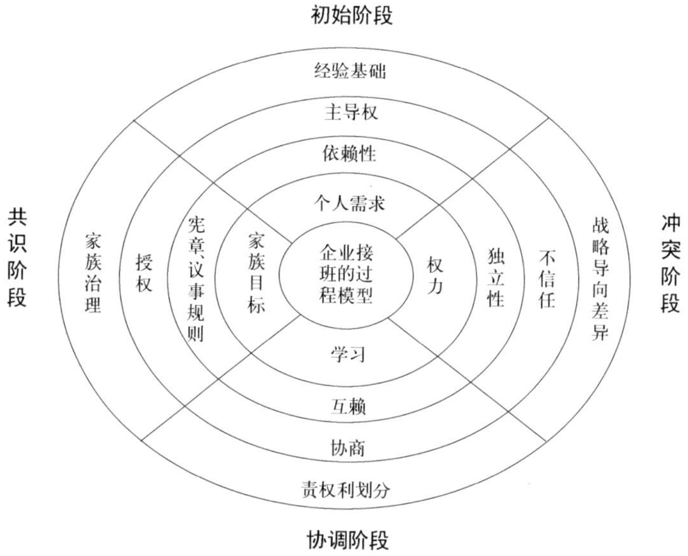

图 3-2 接班的过程模型

协调阶段和共识阶段共四个阶段，形成传承接班的过程模型[1]。

初始阶段

在两代人交棒的初始阶段，两代人在个人认知上各有各的看法和诉求。一代通常会基于过往的成功经验，对二代有一定的期望；二代由于缺乏经验，还处于学习探索和经验积累

[1] 李秀娟，赵华.二代接班的“磨”与“合”之路［J］.家族企业，2017，(10)：64-70.

阶段，对一代具有较强的依赖性。在这一阶段，一代享有较高的主导权，两代人之间虽然存在较大差距，但愿意相互沟通。一代多扮演上司和导师的角色，希望将自己的经验传授给二代。他们所采取的企业管理模式倾向于依赖多年的创业经验积累，多以经验为导向。二代在这一阶段基本需要从头学起，但因为教育背景的差异，二代很容易发现许多家族管理模式的不足，如缺乏规范性、系统性以及管理方式落伍等。

冲突阶段

经历了第一阶段之后，面对父辈所建立的管理模式和人才梯队，二代很快就发现有许多自己无法适应或认同的地方。他们开始希望能引入更多现代西方的管理方法进行改变。但一代作为企业财富和社会资本积累的核心人物，往往会对二代的想法及可行性提出质疑。他们既希望二代能够早日担当大任，又认为二代仍然经验尚浅，不信任他们，不愿轻易放权，对许多事务进行干预控制。同时，受制于与公司元老的关系，二代所处的位置相对受限。但二代也急于做出贡献，证明自己的价值和创造自己的空间。两代人无论是对人生、对企业还是对家族使命和发展方向等都在不同程度上有不同的想法。所以在这一阶段，双方往往有许多矛盾和冲突，争论不断，二代可能会产生强烈的挫败感，甚至选择退出。

协调阶段

两代人在矛盾争吵中逐渐意识到要完全改变对方是很困难的事，并开始反思怎样才能给予对方立足的空间。二代会思考如何才能以更有效的方式说服一代，以探索出相对有效、彼此都能接受的沟通方式。一代尽管不放心，但也意识到自己总要有退出的时候，他们开始愿意让步并放手让二代尝试。在这一过程中，二代会逐渐意识到“姜还是老的辣”，能够看到一代多年打拼积累的实战经验中有许多他们不及之处，并愿意虚心学习。两代人经过协商，划分出各自的职责权利，逐渐建立起信任和默契，并形成相互学习、相互依赖的关系。一代奠定企业的创业基础，接棒后的二代更关注市场、品牌和技术管理的提升，通过创新和系统化改革将企业引领到新的高度。两代人从企业价值观、经营理念和工作经验等诸多方面探索企业未来的定位与战略发展。

共识阶段

经历了冲突和协调阶段，两代人之间达成共同的家族目标，制定家族宪章和议事规则，一代对二代管理者进行授权，达到家族治理的目的。经历了前期的磨合之后，他们已经能够从强调小我的需求转向强调家族的目标，形成共识。

两代磨合的关键点

1. 提前安排接班者的培养计划

家族企业代际传承是家族企业生命周期的关键指标，传承接班并非一朝一夕之事，良好的传承规划是企业基业长青的重要基石。许多家族企业的年轻二代缺乏接班的动机，但依然在无奈之下回到企业中接棒。二代们空降到家族企业中，面对传统企业转型和内部元老不支持或反对的压力，需要花费更多的时间学习和磨合，以树立个人威信并赢得信任。家族传承规划绝对不能等到一代即将交班时才开始考虑或作出安排，有效的接班至少需要预留10～15年的时间，以便有充足的时间进行培养和计划，所谓“扶上马还要送一程”。另外，家族企业也需要从小培养二代对企业的归属感，强调家族与企业是命运共同体，在潜移默化中提升后代子女对家族及企业的认同感、责任感和忧患意识，增强家族后代成员传承的内在动力。接班人在家族企业内部接受的工作越有挑战性、试错机会越多、获得的反馈越积极，就越能增强其发扬家业的信心，提升其继承家业的意愿，提前为接班做好知识体系和能力上的准备。

2. 以积极的心态面对矛盾和冲突

在代际传承的过程中，由于两代人所处时代背景、市场环境和知识体系的不同，交棒衔接阶段必然会碰到矛盾和冲突。但也正是因为两代人的差异，能为企业的发展提供不同的经营视角，为家族企业的知识体系增加多样性。因此，成功的传承必须建立在两代人良好的心态上，在寻求家族企业目标导向一致化的基础上，两代人需学会正视各自的优缺点，正视代际间的矛盾和冲突，自觉检讨和校准，相互包容，相互尊重。

3. 寻求合理的调节机制

家庭关系很大程度上影响二代的接班意愿。两代人之间不管有多大的矛盾，都可以通过外部或内部调解（通常为母亲的作用）、协商以及事务划分等形式加以解决。要从不同的角度寻找适合自己家族传承接班的模式，发挥各自的优势，重要的是双方要能够意识到只有企业的发展和家族利益的最终目标达成一致，家族企业的可持续发展才能实现。

4. 规范家族治理制度

随着家族和企业的发展阶段各自发生转移，家族企业经常会面临亲情与制度的冲突，所以需要建立家族治理机制来协调家庭关系、制约个人行为。家族治理的缺乏常导致家族内部冲突，常见的家族治理难题如：家族成员的雇佣；家族企业的股权分配；企业分红；家族利益冲突调配标准，等等。通过制定家族宪章和议事规则，可以在一定程度上有效控制家族内部冲突对家族企业的影响，激发家族内部的凝聚力和使命感，寻求家族企业的永续发展。

接班人的养成

在中国的家族企业中，宁波方太厨具有限公司创始人茅理翔先生与儿子茅忠群边创业、边传承，以“带三年、帮三年、看三年”的“三三制”原则，花费9年才成功完成了交接。可见企业接班人需要至少8～10年的培养。但许多一代忙着生意发展，对接班人的培养往往抱着“到时候再说”的态度，并没有提前考虑系统的培养计划，有一些虽然已经开始，可是效果也不尽如人意。接班人的养成是一个系统性的工程，需要有前瞻性的思考和准备。揠苗助长往往只能使接班人面对更大的压力，并给企业带来业绩下滑的风险。

Craig E. Aronoff 和 John L. Ward[1] 曾提出接班人培养需从小抓起，接班人的成长和成熟过程需经历七个自然阶段。

阶段1：态度准备。25岁之前，是接班人对工作和家族企业态度形成的关键期。一般是通过教育和外部经验来为未来做准备的。在这个阶段，他们通常会从事一些家族企业的兼职工作，偶尔也会与企业主一同参与业务相关的旅行。在理想的情况下，还可在外部企业工作3～5年，积累经验。

阶段2：进入企业。通常在20～30岁，接班人开始进入家族企业，接受轮岗培训或定向培养，了解企业运作并建立与其他员工的关系。

阶段3：业务开发。通常在25～35岁，在这个阶段，接班人应该获得业务方面的一手经验，培养所需要的专业技能和能力，包括一些与在任领导者互补的技能和能力。

阶段4：领导力培养。在30～40岁，接班人不能仅计划从事某一项工作，而是要为整个企业负责。在这个阶段，接班人要培养团队建设和参与式决策技能，获取所需要的领导技能和经验。

阶段5：挑选接班人。如果存在多个候选人，家族企业应

---

[1] Craig E. Aronoff and John L. Ward. Preparing Successors for Leadership: Another Kind of Hero［M］. Palgrave Macmillan, 2011.

该在这个阶段或不久之后挑选接班人。

阶段6：过渡阶段。企业的责任和权利要转交给接班人。在这个阶段，接班人可能参与战略制定，并选定自己的管理团队，上一代企业主逐步退出，完成交棒。

阶段7：下一轮。通常在企业家45岁及以上，开始计划下一轮的接班人事宜。

1. 童年经历的重要性

一般而言，孩子从出生到25岁，是他们对未来工作和家族企业态度形成的关键期。一个人的工作习惯、对企业的态度、价值观以及与他人的关系，都是在童年教育的基础上经过长期积累而形成的。为孩子提供能让其具有安全感并得到尊重的家庭氛围，有助于他们的成长及个性的培养。在童年向他们灌输家庭的价值观，对培养接班人是极其关键的。父母作为榜样，通过日常生活和工作中的表现，将价值观传输给孩子，是重要的言传身教。

2. 教育的重要性

教育投入对于接班人的培养也是极为重要的。每个孩子都有自己独特的个性，针对孩子不同的天性，在教育上要采取不同的培育方式。而对家族企业的接班人而言，教育不应仅被界定为拥有一个学位或文凭，而应被看作一个终生学习的过程。

3. 外部经验的价值

家族企业接班人面临的最常见的问题之一是视一切为理所当然。他们可能会因缺少其他行业的职场经历而视角比较单一。在家族企业之外从事一份工作，从中获取经验，有助于解决这个问题。接班人有机会听到外人诚实的反馈，同时，在其他企业里看到、学习到与家族企业不同的市场环境、技术及管理方式，这些经历可以拓宽他们的眼界，一旦他们回归家族企业，就有可能促进家族企业的改善和发展。有研究发现，很多家族企业的接班人都希望自己曾经在家族企业以外工作过。

4. 进入企业磨炼

年轻一代通常在20～30岁开始进入企业，在这个阶段，对接班人的培养主要集中在对其进行培训以及使其与其他员工建立关系上。很多家族企业的接班人开始时对父辈的产业并没有兴趣，这就需要一代有足够的耐心去与他们进行沟通并引导他们。经过初期的磨炼，接班人要掌握基本的业务技能。然后，家族企业需要为他们制订一个个人培养计划，提供不同的挑战和机会。接班人可以寻找合适的教练，注重培养自己与企业主互补的技能，学习企业的战略、历史和文化，了解一些重要的业务流程，如出席董事会或战略规划会议，常常参加一些外部活动。这些都有助于接班人的成长，为其后期进入领导层打下基础。

5. 导师的作用

在业务开发阶段，拥有一位合适的导师，并找到适合自己的技能对接班人来说很重要。由于家庭和企业之间存在复杂而又相互关联的系统，接班人在进入企业后往往会面临多重角色的挑战。因此，一位年长的导师将扮演重要的角色，为接班人提供指导和支持，包括帮助他们学会如何作出判断、承担风险，以及如何与他人相处。这种指导关系通常是非正式的，导师可以是家里的长辈，也可以是一位外部董事或专家。

在导师的指引下，接班人需要更加关注自己擅长的技能领域，在业务开发阶段避开与父辈的直接冲突和竞争，与他们形成互补。

接班人的重点培养内容有：

（1）确认和表达价值观；

（2）在遭遇多次失败的情况下，如何应对失败；

（3）面对讨厌的工作，如何从容面对；

（4）合理处理下属的绩效问题；

（5）做好角色转换；

（6）处理个人压力；

（7）确定合适的角色定位；

（8）开拓新业务。

6. 领导力培养

接班人在30～40岁时，积累了一定的经验后，对他们的培养可以转向与领导力相关的能力和素质的锻炼。在这个阶段，接班人的关注点要超越现在的环境，更多地为整个企业负责，逐步在企业内部得到更广泛的认可并树立权威。他们的每一次晋升都要以成就为依据，只有履行完目前的职责，才能被赋予新的职责。接班人必须表现出独自承担责任的能力，能够管理好他人，承担完成预算和增加利润的责任，才能获得真正的权威。当接班人能够参与战略制定并选定自己的管理团队时，企业主就可以逐步退出，完成交棒了。

接班人的养成并非一日之事，这是一个不断计划和推进的过程。一个代代相传的理念是，能够为家族企业下一代接班人的培养打下深厚基础的，是第一代创始人的重视、第二代继承人的意愿，以及两代人长期的共同努力与磨合。

接班人的另一种选择——职业CEO

家族企业的交接班如果仅从家族内部筛选CEO，那么势必受到家族成员自身能力的限制，特别是中国的独生子女政策对于接班人选的范围限制尤为明显。初创期的家族企业管理层主要来自家族内部，主要是基于信任而委任的，这种带有裙带关系的家族式管理虽有它的优势，但也常被别人诟病。随着企业规模的扩大，企业不得不雇佣有经验且能力强的职业经理人。如果二代对企业经营没有兴趣，培养二代成为优秀的股东和董事也是一种传承路径。在这种情况下，职业CEO的选择和培养就显得格外重要。

如何选拔和培养合适的职业经理人以及如何选拔能够延续家族企业精神的CEO，是家族企业走向专业化管理，从“家族企业”转成“企业家族”的最大挑战。家族企业是一个复杂的个体，理性的企业与感性的家族关系融于一体，使得受聘于家族企业的职业CEO在经营过程中遇到很多挑战。职业CEO在家族企业中成功任职，最关键的因素是拥有专业的能力和良好的文化素养。首先，职业CEO必须具有高度的商业敏感度。家族企业挑选职业CEO一般有两个途径：一是挑选一位在家族企业内长期任职的职业CEO；二是从外部空降一位不仅与企业无关，而且与创始人家族也无关的职业CEO。其次，职业CEO必须具备全面的综合能力，品行端正，拥有丰富的商业知识和较强的执行能力。同时，他们也需要情理兼备，既要懂得运用自己的专业能力协助企业的发展，也要重视平衡家族的关系和需求。

职业CEO必须具备与家族企业文化相契合的能力和意愿。文化能力，是指在与他人沟通的过程中，能把自己的专业知识与所处的特定的文化圈方面的信息结合起来，消除自己可能存在的主观偏见，以一种比较开阔的眼光去看待和理解他人的文化情境。职业CEO除了具备获得职位所需的能力，还必须在人际关系的发展上长袖善舞。成功的职业CEO需要分享家族的价值观，了解家族的核心利益，并努力理解家族对他们的期望，明确自己在企业发展历史中所扮演的角色。职业CEO与家族企业价值观的匹配是非常重要的。如果家族企业能够将文化适应能力作为评估职业CEO的标准之一，追求一种符合文化能力的雇佣政策，就会降低用错人的风险。

引入职业CEO的利弊

代理理论（Agency Theory）是指委托人委托代理人根据委托人利益从事某些活动，并相应授予代理人某些决策权的契约关系。比如，引入外部职业经理人使家族企业的所有权和管理权分离，就是一种代理关系。但由于企业所有者和职业经理人二者的目标不一致，所以会带来一系列的代理问题。早期学者认为，拥有管理决策权和信息优势的职业经理人会牺牲委托人的利益以谋求个人私利。但也有学者认为，家族企业倾向于任用家族成员担任高管，造成了职业经理人的晋升瓶颈，抑制了职业经理人的能动性，同时也造成企业高管层严重的封闭性，限制了企业的发展。引入具有较强的专业和管理能力的代理人，可以推动家族企业管理的合理化和专业化，吸引更多人才的加入。但代理人也带来了道德风险，因为委托人很难发现代理人是否在经营中真正尽力，是否按照所有者利益的要求去进行决策和管理，所以任用代理人就会存在检测和监督成本。因此，任用内部家族接班人和职业经理人各有利弊，如图3–3所示[1]。

---

[1] 李秀娟.富二代不再是接班主力［J］.哈佛商业评论（中文版），2015，（7–8）：110–112.

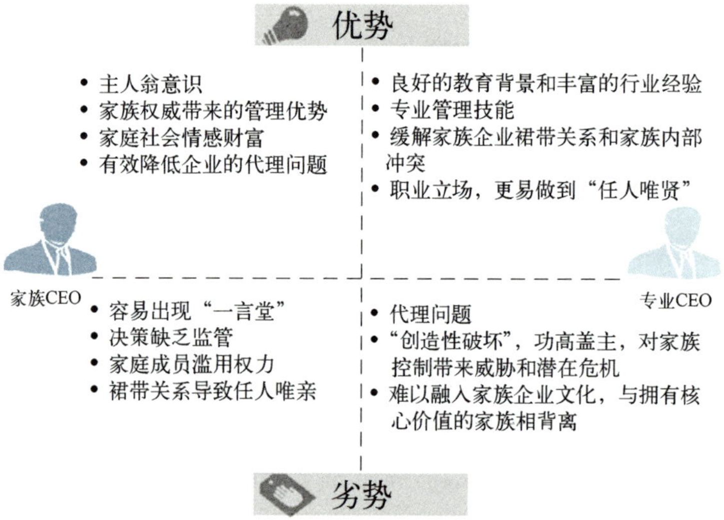

图 3-3　家族CEO和职业CEO的优劣势

企业所有者和职业经理人最大的区别主要有以下四点：企业的延续性、忠诚度、专业性以及利润最大化。家族企业的所有者会将企业的延续性放在第一位，忠诚度放在第二位；相比而言，职业CEO则会将利润最大化排在首位，专业性排在其次。这就形成了这种代理关系本质上的矛盾。

企业所有者并不能直接观察和判断职业CEO的努力程度及真实水平，这就导致了双方信息的差距，影响了契约均衡点的形成。因此，建立激励合约和内部监控机制就变得非常重要。激励合约是通过在投资者（或董事会）与职业CEO之间订立隐性或显性合约，把对职业CEO努力的补偿（年薪、股权或期权等）建立在企业业绩等可证实的指标上，使职业CEO在一定程度上必须按照投资者的利益来进行管理。常用的物质激励如股权激励制度，将职业CEO的工资与企业的经营业绩很好地挂钩，解决了职业CEO只追求短期利益的问题，降低了代理成本。但股权激励制度也会引起职业CEO的信息操作和财务舞弊等一系列由信息不对称而引发的道德风险问题。

加强内部控制机制的监督，健全董事会、监事会等机构能对管理者实行强力控制，家族控股股东也需要发挥监督管理层的功能。特别是代表家族控股股东利益的董事会，对职业CEO的监督有一定的威慑作用，在某种程度上稀释了外部经理人的权利，缓解了由所有权与管理权分离带来的代理问题。家族企业对职业CEO的考核如果仅限于业绩指标，即使采取股权激励的方式也容易促使职业CEO只追求短线业绩的增长，而忽略企业长久发展所需建立的基础和能力。

职业CEO需要保持谦虚，尊重家族，服务家族的利益，但面对市场的竞争和企业的业绩压力，也要勇于面对和担当。家族股东和职业CEO之间能否形成一种良好的合作关系，最关键的因素是信任，建立起与CEO之间的信任可以进一步降低代理风险。

不管是因为二代的兴趣和能力，还是企业发展的自身需求，家族企业需要职业CEO将是未来的发展趋势。但是，目前起用职业经理人对于国内的家族企业而言仍是一个挑战。职业CEO卓越的管理才能或许能为企业创造效益、带来成长，但职业CEO能否考虑家族的需求，尊重家族的价值观，平衡好各方利益将是一个很大的挑战。

接班的路径选择

路径1：培养家庭接班

如果选择家族内部接班，有三种路径选择：一是传统的子承父业，如华茂集团；二是父子创业式接班，如方太集团；三是联合管理接班，如新希望集团，由有经验的职业CEO和二代联手管理。我们的研究发现[1]，影响二代接班意愿的众多因素中，家庭价值观和家庭关系往往起着关键性的作用。换句话说，如果一代希望二代接班，那么培养核心家庭价值观与维系和谐的家庭关系将成为重中之重，而且必须从二代小的时候做起，持之以恒。具体包括以下方面：

---

[1] 李秀娟，芮萌，陆韵婷，崔之瑜.继承者的意愿与承诺——中国家族企业接班白皮书.中欧国际工商学院家族传承研究中心，2014.

（1）设立清晰的、有吸引力的家族目标和方向；

（2）增加家庭成员的聚会和交流；

（3）打造开明、信任和相互沟通的家庭氛围；

（4）拥有共同的愿景及目标，并一起工作；

（5）培养对家族历史和遗产的分享及尊重；

（6）参与家族慈善和社会责任；

（7）引入“导师制”，为二代找一个可信赖的教练；

（8）设立家族委员会，邀请德高望重的长者为家族提供建议。

路径Ⅱ：选用职业CEO管理

对于不愿意接班的二代，一代需要及早筹划接班人的筛选和培养问题。一种做法是一代选择将企业关闭或是卖掉，由二代继承财富，二代可以根据自己的兴趣重新创业。这一做法尽管不能视为传统意义上的家族企业传承接班，但是家族财富同样能够得到延续。第二种做法是由二代继承股权，但委派职业经理人接管企业管理权，如美的集团。美的搭建了“董事会、所有者、经营层”三者分离的架构，对中国的民营企业有一定的借鉴意义[1]。

[1] 李秀娟，赵子倩.美的：职业经理人的接班.中国工商管理国际案例库，2015.

即使决定聘用职业CEO，也需要很长时间系统性的培养，创业者必须投入许多时间和耐心。内部培养的职业CEO相比外部空降的CEO会有更多优势，后者在家族企业中往往容易水土不服。而在企业内部工作多年的老臣对于企业发展的各个阶段以及企业特性都较为了解，能够很好地进行内部协同管理。同时，因为和一代企业家有多年的磨合，内部职业CEO在企业中更能找准自身的定位，有效平衡企业与家族之间的关系。

（1）培养和创业者有共同愿景和价值观的职业经理人；

（2）建立去家族化的企业文化；

（3）制定明确的商业决策规则和透明的财务管理制度；

（4）制订企业发展及多元化的计划；

（5）明确企业红利及资源的分配；

（6）明确每个成员的角色、权利和义务，保证人人被公平对待；

（7）有效的物质和精神激励机制是保证人才与企业同时成长的重要养分和土壤；

（8）设立一个能有效平衡家族利益、企业利益和社会利益的董事会，把握企业长远发展的正确方向；

（9）制定家族财富及企业发展的战略规划。

中国的家族企业目前面对的两难困境是“富二代”缺乏强烈的意愿或足够的能力接班，而职业经理人很难符合“创一代”所要求的那种奉献精神。这种内部和外部都青黄不接的情况可能还会持续一段时间。无论选择哪条路径完成企业的交接班和家族财富的传承，“创一代”一定要提前谋划接班思路。

未来10年，继承家族企业的主力军可能还会倾向于家族的二代。但是，随着时代的推进、经济的不断发展以及人才市场的成熟，在国际化和家族企业多元化发展需求的驱动下，家族企业的继承可能会更加倾向于让二代继承股权成为股东和董事，而不是企业经营者。届时，有能力和才华的职业经理人管理家族企业成为大势所趋。但要让家族成员认为“外人”可以成为“自己人”，安心交出企业管理大权，却是一个非常复杂而漫长的过程。这不仅需要企业创始人的耐心、规划和肚量，也考验着职业经理人的能力、道德和智慧。

第4章

家族财富的治理

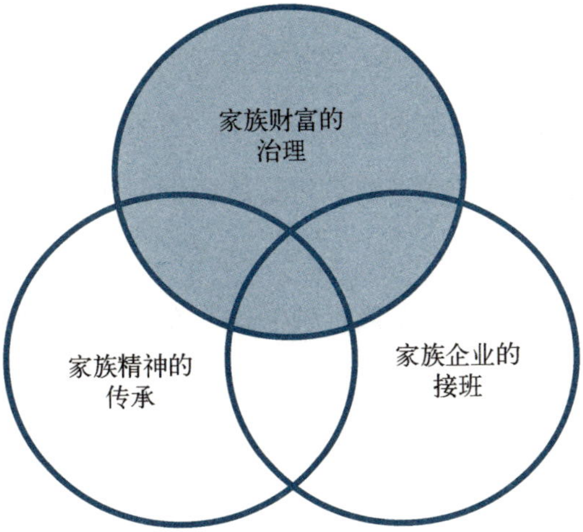

与一代艰苦创业积累财富相比，对家族财富的守护和传承更是一门复杂的学问。中国很多家族企业往往更加关注物质财富的传承，比如，如何对现有资产做更好的投资、取得更高的回报；如何确保财富安全。由此就催生了很多财富管理行业，如私人银行、家族办公室和信托等。但对于家族财富传承而言，只关注物质财富传承并不能维持财富的永续。古人云“不患寡而患不均”，家族企业的物质财富传承与分配实际上是一个非常敏感的话题。如何能够做到公平且不分散家族的掌控力，避免因为家大业大而导致最终股权或者财富过于分散是每一个家族企业领导者都需要思考的问题。纵观家族企业发展史，因为缺少有效治理而令人唏嘘的案例不胜枚举。澳门何鸿燊家族的同室操戈、古驰家族的血腥史、杨协成家族的混战，这些教训都提醒我们要认识到家族治理的重要性。

在家族企业中，家族治理的核心在于家庭成员之间的关系。家族财富的纷争往往是由家族关系的破裂而引发的。家族企业为了生存和发展所面临的最大威胁，很多时候并非来自诸如技术、客户和竞争对手等外部因素，更多地与家族成员间的关系息息相关。家庭成员之间一旦争吵、相互中伤或者争斗引发家族危机，家族企业很可能最终面临分崩离析的危险。而家族关系的四分五裂往往是因为缺乏有效的家族治理结构和系统，未能合理地自我调节、淘汰和更新。因此，家族财富的传承，不但是财富管理在“术”层面的问题，而且涉及更深层次的根源——家族治理。有效的家族治理有助于家族化解内部矛盾，在适应各种变化的过程中避免陷入分裂的局面，并且真正把家族企业的独特优势发挥出来。

家族企业治理结构

家族治理是指家族通过建立一套制度机制以确保家族始终对企业的控制。一般是由董事会及家族委员会主事的共同决策体制，负责协助管理家族成员与家族财富、事业之间的关系。家族治理希望达到的效果是在不受复杂的传统家族关系的影响下，作出符合经济效益和家族利益的理性决策，从而确保家族利益（企业利益）大于个人利益；在维持企业可持续增长的同时促进家族和睦，以家族的核心价值观团结家族成员，培养家族成员的使命感和责任感，最终实现维护家族股东长期利益的目标。家族治理的实现需要依赖规章制度的建立，同时需要构建制度化的治理机构。

任何家族企业都涉及家族、企业和所有权三环的治理（见图4-1），每一环都需要对另外两环负责。第一个环是家族治理机制，即针对家族内部成员的治理，包括组建家族委员会、制定家族宪法、价值观和行为准则等。第二个环是企业治理机制，即对企业关注问题的日常管理，如制定公司发展策略和管理制度，这是企业董事会的职责，是企业CEO或执行委员会需要关注的问题。第三个环是所有权治理机制，通过股东会达

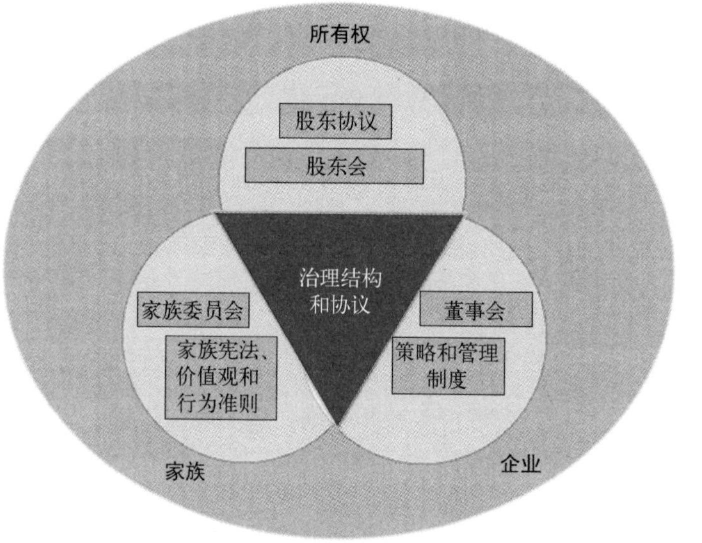

图 4-1　家族企业治理结构

成股东协议，处理所有权相关事务。家族、董事会与管理层的角色是各自独立而又相辅相成的。

1. 董事会

与一般非家族企业一样，董事会作为公司治理的中心机构，负责企业的整体战略、决策和重大事务。董事会的具体职责包括：监督管理层的表现，保障高管的顺利交接；确保管理高层对公司业绩及股东回报负责；审视公司财务状况，确保财政资源的充足；重视业务管理的操守，确保公司内控和风险管理体系的完备；向股东和其他利益相关方汇报；消除股东（包括主要股东与少数股东）之间以及家族分支之间可能发生的冲突；对接班人的评估以及甄选等[1][2]。

不同企业的董事会职能、结构和人员组成不尽相同，这主要取决于家族企业的规模大小和业务复杂程度，以及控股家族的成熟程度。鉴于小型董事会在会议组织、会议召开法定人数以及决策效率等方面展现出更多的优势，理想董事会的规模通常控制在7～9人。在家族企业成立初期，董事会可能仅限于批准公司的财务报告、分红计划和其他法定事项。随着家族企业的发展，董事会有必要在更重要的事务上发挥积极作用。为完成这些任务，董事会应提高会议召开的频率，并具备向公司管理层提出挑战性问题的专业知识和独立性。为顺应这一时期家族企业的发展，董事会将变得更有组织性，目标更明确，并开始引入外部独立董事，为实现企业的最大利益服务。

---

❶［美］克雷格·E. 阿伦诺夫，［美］约翰·L. 沃德. 家族企业治理：家族与企业的平衡和繁荣［M］. 张晓初等译. 北京：电子工业出版社，2016.

❷［美］厄内斯多·波萨（Ernesto J. Poza）. 家族治理：名门望族如何应对财富带来的挑战. 瑞信—家族治理白皮书，2017.

2. 家族股东委员会

家族股东委员会由家族股东代表组成，致力于对所有权相关事务的明确和处理，包括流动性问题、企业资本的配置、发生所有权及管理层更替时企业的存续问题、股东投资业绩以及企业的发展战略方向等问题。

由全体家族股东共同签署的股东协议是家族控制公司的关键依据。股东协议应清楚地规定有关股票转让和股票表决权的条款，并明确托管机构在整个所有权结构中的地位。家族股东协议可以有效避免家族所有权被削弱，尤其对上市公司来说，要考虑到股票公开交易及其他对外界有强大吸引力的因素。

3. 家族委员会

家族委员会是一个专注于家族事务的治理机构。家族委员会的主要职责是促进沟通，具体包括：为家庭成员提供对话交流的平台，为化解家族冲突提供安全港；制定重大家族政策和程序，负责家族教育，规划家族未来；协助下一代的家族成员掌握家族动态、财务和所有权事宜，为企业的延续性和接班问题提供一个讨论平台；协调家族成员与管理层和董事会的工作关系，平衡企业和家族利益。

对于家族委员会而言，他们所发挥的最核心的功能之一就是清晰地阐明家族的核心价值观，引导家族成员明确自己在公司中的责任权利。作为家族事务的治理机构，家族委员会需要不断设想家族未来的发展方向，关注家族需求并思考企业能在多大程度上满足这些需求。他们所关注的具体问题体现在以下方面，如家族健康、兴旺与延续的共同利益；家族成员在企业中的参与度；家族企业的社会形象及影响力；家族成员的信息沟通与教育；家族价值观及目标在企业中的融合与体现等。此外，家族委员会的职责包括督促家族成员履行作为家族企业主的责任；明晰家族成员所扮演的角色，特别是对所有权、企业、家族三环之间角色和身份的区分；讨论和制定家族雇佣政策、所有权转移、遗产规划以及继承权管理等事宜。

一般来说，家族委员会的成员构成、管理架构和功能都会因家族而异。通常在家族成员数量超过一定规模（30人以上）时，家族内部通过召开家族会议组建委员会。理想的家族委员会成员规模一般是5～9名。对委员会成员的选择应依据一系列候选人的标准，提名最优秀的家族成员。其中，家族委员会主席由家族大会任命，他需要拥有高情商、良好的沟通表达能力、熟练的冲突化解能力以及丰富的会议主持经验，同时得到各家族分支成员的尊重。他在家族中扮演着首席情感官（chief emotion officer）的角色，领导委员会的工作，同时担任家族的主要联系人。家族委员会还应任命一名秘书，由其保留所有会议纪要并将纪要向家族内部公开。

此外，家族委员会需建立正式的程序，例如，明确规定委员会成员的职责、会议的规则和程序以及如何准备议事日程，等等。家族委员会每年可召开2～6次会议，具体视家族面临问题的复杂性而定。家族委员会决议由多数票表决通过。家族委员会最重要的一点是要营造一种自由轻松的氛围，让家族成员可以自由地表达自己的观点、自由地提出各种问题，并得到充分的讨论。除了梳理和制定家族治理结构及策略，如家族会议和家族“宪法”，家族委员会也可以组织并监督家族办公室、家族基金会、信托等活动，为家族福利和遗产做贡献。

家族宪法

家族宪法虽然不是法律文件，但它是家族成员之间的一种契约，是家族内部设立的章程。家族宪法通过对未来理念、原则和政策的全面阐述，在家族、企业和所有权之间寻找平衡，以达成三大目标，即巩固家族力量、促进企业成功发展以及增进所有者的团结与承诺。

家族宪法的整体要素包括：谁（引言）、为什么（家族价值观与信念）、是什么（家族企业的原则）、如何做（管辖家族与企业关系的家族企业政策），以及时机（评估与修改契约的流程）[1]。家族宪法通常由家族委员会负责起草、设计及监督，制定家族宪法的过程和确定宪法的内容是同等重要的，甚至相比结果，过程显得更为重要。家族委员会需要鼓励和监督全体家庭成员参与，因为制定家族宪法的过程有助于培养家族制定决策及解决问题的能力。过程本身是对家族成员的教育，可以激励家族成员从大局出发考虑集体的利益，从企业所有权和家族整体的高度去考虑问题。签署家族宪法也是推进家族变革和形成共识的一种手段。家族委员会需要集合所有的家族成员并且详细解释文件及细节上的应用。家族宪法应该由所有家族成员正式投票通过。

家族宪法的制定为明晰家族核心价值、原则和政策，确定敏感问题的处理方式提供了保障。保证家族所有人团结一致，避免因不必要的误解而出现冲突，使下一代对自身在企业

[1] ［意］丹妮拉·蒙特梅罗，［美］约翰·L. 沃德. 家族宪法：保护与延续家族与企业的契约［M］. 赖逸凡等译. 北京：电子工业出版社，2016.

中的角色定位及未来成为家族企业所有者有所预期；为家族企业提供一个稳定的根基，并且有助于非家族成员管理者与企业合伙人树立信心。

家族宪法的内容一般包括使命宣言、家族核心价值、家族委员会与董事会的双层规划等。具体组成有家族核心理念、愿景和使命，家族组织架构，家族产权及分配计划，企业管理权和所有权，家族成员聘雇政策，家族成员退休政策，家族成员行为准则等，如表4-1所示。

表4-1 家族宪法的内容

订立家族核心理念、愿景和使命	家族短期目标和长期目标
	家族现在及未来的哲学
	家族对企业的长远计划
订立家族组织架构	家族议会
	家族管理委员会
	家族基金委员会
订立家族产权分配计划	企业传承制度、操作流程和监督机制
	企业股权及财产交接
	家族成员产权比例、产权市值、分配方式、分配时间、退出及回购机制
订立企业管理权和所有权	设立分开管理权与所有权的机制，把管理权交给职业经理人
	规定管理权与所有权的职责、权力，并设立监督机制

（续表）

订立家族成员雇聘政策	学历要求
	工作经验要求
	入职应聘流程及试用期考核机制
	无法胜任工作或违反公司纪律的机制
订立家族成员退休政策	退休年龄
	退休金安排
	退休后返回企业的机制
	退休后从事与过去工作的机制
订立家族成员行为准则	家族成员婚姻、离婚安排
	家族成员在家族及企业中的行为规范
	家族成员违反家族或企业规范惩处机制

在2002年的《美国家族企业》中，有35%的家族企业订立了某种形式的家族契约。据意大利家族企业协会和西班牙家族企业协会估计，分别有10%和12%的成员建立了完善的、正式的家族契约，而且这个数量还在增加[1]。日本最古老的创业家族之一的三井家族历经四百余年的发展，如今在日本建立了庞大的产业集团，这一家族早在1900年就制定了家族宪法。除此之外，法国穆里耶兹家族、华人家族企业李锦记等都设有

[1] ［意］丹妮拉·蒙特梅罗，［美］约翰·L. 沃德.家族宪法：保护与延续家族与企业的契约［M］.赖逸凡等，译.北京：电子工业出版社，2016.

家族宪法。

以宁波华茂集团徐氏家族为例，他们签订的《徐氏家族共同协议》[1]规定成立信托基金管理家族成员在华茂的股权，确定了“分家不分产”的原则，保证了徐氏家族近80%的股权永远不会被子孙分掉。家族成员拥有红利分配权，每年都会给每个家庭分红。这种机制一方面保证了家族成员几代人衣食无忧，另一方面从根本上解决了家族财产传承的纷争问题。《徐氏家族共同协议》能够对家族与企业愿景及两者间的关系、家族成员的决策权、家族成员的贡献和期望、资产的所有权以及继任者的选择作出约定。

家族宪法是一份与时俱进的文件，内容和形式都会随着家族企业发展的规模、发展阶段及家族成员进入企业的不同程度而不断调整。

家族办公室

家族办公室（family office）是负责家族财富管理的一种组织形态，它通过集中进行财政规划，使家族成员能够作为一

[1] 李秀娟，钟婉雯，安静．徐氏家族共同协议．中国工商管理国际案例库，2015.

个整体对他们的财产进行规划，从而增强他们的购买力并降低投资管理的成本。家族办公室是独立于企业之外的工作机构。

家族办公室始于6世纪，当时由国王的管家负责管理皇家财富，随后贵族要求参与其中，现代意义上的家族办公室在19世纪得到发展。美国家族办公室协会（Family Office Association）认为家族办公室是“专为超级富有家庭提供全方位财富管理和财富服务，以使其资产的长期发展符合家族的预期和目标，令家族资产能够顺利进行跨代传承和保值增值的机构”[1]。

可以说，家族办公室是针对高净值家族的一张完整资产负债表进行360度的全面管理和治理[2]。家族办公室通常分为单一家族办公室（single family office）和多家族办公室（multi-family office）。单一家族办公室管理着一个家族的财务，主要表现在参与家族的全部或者部分投资、受托、信托和遗产管理事务。这是一个功能完善的单一家族办公室的基本职能。除此之外，许多家族办公室还具有管家功能。多家族办公室则负责管理多个家族的财务，这些家族不一定彼此关联。多家族办公室可分为联合家族办公室、

---

❶ Family Office Association, https://familyofficeassociation.com/ .

❷ Wilson and Richard C., The Family Office Book: Investing Capital for the Ultra-affluent［M］. John Wiley & Sons, 2012: 4.

多客户家族办公室和机构性家族办公室。与单一家族办公室一样，多家族办公室也可能管理多个家族的受托、信托与遗产事务，有些也提供管家服务。单一家族办公室的成功运营，会促使其他家族积极进入，从而转变为多家族办公室。这种多家族办公室的结构形式，让一些家族接纳其他家族融入其家族办公室结构中，从而更有利于实现规模经济效应。联合家族办公室并不意味着其财富规模就要大于单一家族办公室，事实上，很多单一家族办公室才是行业巨头。

家族办公室的主要功能是负责治理及管理家族的四大资本，即金融资本、家族资本、人力资本和社会资本。一般来说，家族办公室的使命在于维护金融资本的保值增值，守护家族资本，传承、规划人力资本，构建、维系社会资本。具体的服务一般有四种[1]：一是财务规划，包含投资管理服务、慈善事业管理、生活管理和预算；二是策略，包含培训和教育、遗产和财富传承、商业和财务咨询；三是治理，包含行政服务、继承规划、报告及记录；四是咨询，包含风险管理和保险服务、合规和监管协助、税务和法律咨询。

[1] 瑞士信贷、安永与圣加伦大学合作项目，家族办公室白皮书，2014年。https://www.credit-suisse.com/media/assets/apac/docs/whitepapers/cs-white-paper-family-office-dynamic-pathway-to-successful-family-and-wealth-management-part-2_sc.pdf.

维护家族的金融资本是家族办公室最核心的服务，如设立投资目标、规划资产配置、选择投资工具（现金、债券、股票、另类投资、商品）等实现投资管理服务。家族办公室不仅可以从银行和第三方理财机构获得理财产品信息，还可以通过直接投资、联合投资和俱乐部交易等方式为家族提供投资机会。家族办公室的投资更关注长期的资本回报率，而非短期的高收益。

除了明确功能服务，家族办公室还需要设计架构及治理机构，以保证家族的控制权和风险防控，这就需要根据实际情况考虑设立各种委员会来细化家族治理。家族办公室治理和管理结构能够透明地应对家族财富方面的复杂问题以及减少家族内部的纠纷，保障家族成员的参与积极性和凝聚力，完成家族使命，实现家族目标。

历经百年的发展和实践，在欧美成熟市场，家族办公室被认为是家族传承的重要保障工具。典型代表有洛克菲勒家族、杜邦家族以及罗斯柴尔德家族等，他们都是家族办公室的受益者。洛克菲勒金融服务公司（Rockefeller & Co.）可能是全世界历史最悠久的家族办公室。历经一百多年的发展，这个家族办公室为洛克菲勒家族提供包括投资、法律、会计、家族事务以及慈善等在内的所有服务。比尔・盖茨家族的卡斯凯德投资公司（Cascade Investment LLC，昵称小瀑布投资），其职能也是为盖茨家族管理金融资本，实行多元化投资来分散风险。自1994年以来，盖茨的个人资产净值由50亿美元变成960亿美元[1]。美国嘉吉公司（Cargill）专门成立了家族办公室——威克洛斯公司，负责处理培训教育以及财务规划、税务和遗产规划等各类家庭事务。威克洛斯公司还会为家族成员组织教育课程、夏季家族会议、工厂参观、股东会议和家族专责小组等。

随着中国高净值人士数量的剧增，家族办公室在中国应运而生。在借鉴西方国家家族办公室模式的基础上，结合中国本土高净值人士的具体情况和特有的社会历史背景，各种适合中国家族的特色家族办公室服务逐渐出现。其中的代表有中国的潘石屹、张欣家族办公室，其主要的投资方式与标的是投资纽约的商业地产。中国的家族办公室目前尚处于起步阶段，与国外成熟的家族办公室行业发展还有一些差距，偏重于财富管理和资产配置。不管是从业人员还是家族办公室的服务对象，都需要更多的时间来理解家族办公室的功能，培养双方之间的信任。此外，家族办公室在适应中国的法律环境方面仍面临一定的挑战，再加上专业人才相对欠缺，因而还有待发展和

---

[1] 胡润百富：2019胡润全球富豪榜，http://www.hurun.net/CN/HuList/Index?num=HnWI1XTj1BuA，访问日期：2019年6月13日。

完善。

家族信托

家族信托具有财富安全隔离、节税避税、保值增值、慈善公益等功能，从而使其成为家族财富传承的重要金融工具。家族信托自产生以来，在欧美发达国家逐渐得到了富裕人群的认可。家族信托，就是（超）高净值人士（委托人）将家族资产（现金、不动产、股票、家族企业股权等）转移给受托人（自然人或者信托机构）持有，并同时指定信托的受益人，受托人根据信托协议的要求，按照委托人的意愿，为受益人的利益或特定目的，管理或处置信托财产，实现财富的有效管理及传承[1]。

在财富继承的过程中，企业家往往通过家族信托的方式，将家族资产并入家族信托中，由专业的机构来经营和管理。这样的继承方式将家族企业所有者与运营者的角色分开，在有效减少财富继承对企业运营影响的同时，继承者也可以通过分配资产运营收益实现财产的继承。另外，家族信托还可以实现委

❶ 龚乐凡. 私人财富管理与传承［M］. 北京：中信出版社，2016.

托人的“个性化定制”，根据委托人的要求，设定个性化条款，如家族财产不可被分割、信托不可被撤销等[1]。

家族信托在全球范围内普遍被各大富豪家族采用，如洛克菲勒家族、杜邦家族、沃顿家族、福特家族、默多克家族、肯尼迪家族等。2013年，在中国境内，平安信托承接了第一笔家族信托业务，委托金额达5 000万元，合同期限为50年。之后，上海信托、外贸信托、北京信托、中信信托、中融信托、长安信托等多家信托公司陆续开始布局家族信托业务并系统性地推进。商业银行中，招商银行、北京银行针对各自高端私人银行客户开展家族信托业务，推动了家族信托业在中国的发展。但是目前国内的家族信托基本都是单一资金信托，传承的功能更为突出，隔离和保护的功能还有待在实践中进一步完善。家族信托运用比较知名的几个案例，如李嘉诚家族设立家族信托基金，控制了包括和记黄埔、长江基建、长江实业、电能实业、赫斯基能源等22家上市公司的股份，助力家族传承；邵氏家族慈善信托基金，实现了慈善规划的目标和慈善活动的开展等；国美电器创始人黄光裕的夫人杜鹃利用信托规避了风险，拯救了处于危机中的国美电器；一些在海外上市的中

[1] 英国国际信托有限责任公司课题组.家族信托：财富传承的奥秘［M］.北京：经济管理出版社，2015.

国企业也设立了家族信托，如SOHO中国的潘石屹家族在开曼群岛建立了家族信托。

目前，家族信托行业的发展由于相关法律环境、制度建设甚至传统观念的影响受到一定的制约。但随着行业实践的不断尝试和推动、高净值人士传统观念的改变和需求，以及相关法律与制度的不断完善和发展，未来家族信托将是一个财富管理的重要成长领域，有很大的发展空间。

家族基金会

家族基金会（Family Foundation）是由单一家族的成员发起建立并参与管理、运作的基金会[1]。作为家族基金会的捐赠者，家族必须在管理和运作基金会方面发挥重要作用。一般情况下，家族基金会至少有一名家族成员担任基金会的成员或董事会成员，基金会的管理者是家族的第二代、第三代及其家族后人。随着家族基金会规模的发展壮大，一些大型的家族基金会会采用雇佣“经理人”的方式来管理基金会的日常运作与资产管理事宜，同时，由董事会成员中的家族成员负责监督。家

[1] The Council on Foundations:“Family Foundations”, https://www.cof.org/foundation-type/family-foundations, 访问日期：2019年6月14日。

族基金会一般具有家族治理、公司治理、资产隔离、税收筹划的功能和价值。家族基金会的创立体现了创始人对家族未来发展、对家族成员凝聚力和家族精神传承的寄托，具有教化、纽带及传承的功能。

家族基金会作为一个慈善救助的实体机构，创立者以及家族的兴趣和意愿是决定家族基金会发展方向的主要依据。家族慈善文化带给家族一种精神的凝聚力，是家族精神文化寄托和传承的重要载体，同时也是践行企业社会责任的有效工具。家族基金会通常具有相对灵活的决策机制，会根据不断变化的社会需求拓展不同的慈善领域，并且可以集中对某一领域或项目的发展持续进行投入。

欧美一些典型的家族基金会代表有：保罗·艾伦家族基金会（The Paul G. Allen Family Foundation）、彭博家族基金会（Bloomberg Philanthropies）、比尔和梅琳达·盖茨基金会（Bill & Melinda Gates Foundation）、洛克菲勒兄弟基金会（The Rockefeller Brothers Fund）、卡内基基金会（Carnegie Corporation of New York）等。美国家族基金会2014年统计数据显示，家族基金会占所有独立基金会的一半以上[1]。这些家

[1] The Foundation Center, “Foundation Stats”, http://data.foundationcenter.org/#/foundations/family/nationwide/total/list/2015.

族基金会积极参与各种不同领域的活动，以健康和教育方向为最优选择。

中国基金会发展的时间较短，家族基金会的数量非常少，目前还不到100家，且规模大多比较小，与欧美国家还有很大的差距。家族基金会将会是中国基金会未来大力发展的方向[1]。其中有几个极具代表性的家族基金会。老牛基金会是由蒙牛集团创始人牛根生在内蒙古出资创立的，牛根生的子女效仿美国洛克菲勒家族的模式，在北京创立了老牛兄妹公益慈善基金会。牛根生及其子女两代人全心参与慈善，开发和执行了很多项目，如儿童博物馆等。广东省和的慈善基金会由美的集团创始人何享健建立，借鉴了西方成熟的“基金会+慈善信托”的双轨模式，慈善信托负责慈善资产的保值增值，基金会负责慈善资产收益的分配使用。还有曹德旺家族发起建立的“河仁慈善基金会”，是国内目前唯一经由国务院审批、以金融资产（股票）创立的全国性非公募基金会。目前，国内家族基金会由于发展时间较短，也面临一些挑战，如缺乏完善的法律和规章制度、人才不足导致项目运作能力低下、缺乏保值增值能力等。

---

❶ 邓国胜，陶泽.基金会绿皮书：中国基金会发展独立研究报告（2017）[M].北京：社会科学文献出版社，2018.

基金会+家族信托的双轨模式

一个家族也可以采用“基金会+多种信托”的形式，兼顾对家人的爱和对社会的回馈。例如，原蒙牛乳业董事长牛根生将蒙牛的股份分为内蒙古蒙牛乳业（集团）和境外蒙牛公司两个部分。2005年1月，牛根生携家人承诺将其拥有的所有蒙牛股份，除了将少部分股息（京、沪、穗三地平均工资的水平）用作家庭生活费使用外，其他所有由资产带来的经济效益都投入公益慈善事业。根据中国公司法律法规，将境内的内蒙古蒙牛乳业（集团）的股权按照每年25%的比例转入老牛基金会，2010年7月，这部分股权已经全部捐赠。牛氏家族不能继承股权，但是可以通过基金掌握股份票选担任蒙牛公司的重要职位。股利收益方面，牛根生在世时，收益的51%归基金会，另外49%归其个人；之后则全部归基金会，牛根生家人按照京、沪、穗平均工资的标准领取相应的股利作为生活费。蒙牛公司的境外部分已经在2011年将其股权全部委托给HengXing信托，用来做公益慈善事业。HengXing信托是瑞士信贷信托公司下设的信托，慈善受益方有中国红十字会、中国扶贫基金会、壹基金、大自然保护协会等其他公益慈善组织，非慈善受益方是牛根生及其家人。牛根生通过此类家族信托，不仅保留了对蒙牛公司的控制权，而且也满足了其分配财富、投身公益慈善的需要。

“基金会+家族信托”的模式是家族财富传承的最佳结合。基金会能够传承家族财富并实现慈善诉求，而家族信托则可以用来照顾家族成员的利益，甚至可以用来作为员工的股权激励，解决家族和企业高管的双重激励问题。但“基金会+家族信托”的模式组合在境内的法律实践中也会面临一些挑战，主要是在境内做股权信托，税负仍然是一个无法回避的问题。

总的来看，目前中国大多数家族企业仍缺乏有效治理。即使他们有法定的董事会，往往也流于形式，而且缺乏独立的董事利用其自身经历和专业知识在关键战略方面为企业提供帮助。尽管存在法定的股东大会，但在很多家族企业中，年度的股东会议也只是流于形式，股东们只是被动地听取高层管理者关于公司政策的简单汇报。家族委员会更是稀缺，许多家族企业更多的是将家事与企业混为一谈，公私不分。很少有家族企业能够深刻理解到，一个有效的家族治理对家族企业的健康发展和延续性是至关重要的。家族治理的关键在于要把家族的理念和财富，通过具体的家族治理策略与结构，以专业方法和手段逐步实现并持续优化。

下面通过一个在家族治理方面做得非常完善的案例，来了解有效的家族治理如何能够确保家族企业的长治久安，实现家族企业三环之间的相互平衡和制约，最终代代传承，突破家族企业“富不过三代”的魔咒。

富过五代——从“情—理—法”到“法—理—情”

案例：法国穆里耶兹家族的家族治理

法国穆里耶兹家族（Mulliez Family）先后创立了世界500强集团欧尚（Auchan）、体育用品零售巨头迪卡侬（Decathlon）等多家跨国企业，已经传承到第五代，家族成员超过1 000名，位列2016年胡润全球百富榜第27名，法国百富榜第4名。法国穆里耶兹家族经营跨越100多年，事业和家族双双开枝散叶，成为欧洲连锁零售行业的庞大帝国之一。作为如此庞大的家族，在时代的变换中，穆里耶兹为何能保持活力，富过五代呢？下面将探索法国穆里耶兹家族是如何通过其独特有效的家族治理结构来解决企业所有权和控制权因家族和事业庞大而带来的挑战的。

法国穆里耶兹的创始人为路易斯·穆里耶兹（Louis Mulliez），他于1900年白手起家，成立了一家名叫菲尔达（Phildar）的小纺织厂。菲尔达经历两次世界大战的洗礼逐渐壮大。1956年，菲尔达成立了第一家特许经营店，到20世纪末，零售店数量已经扩大到1 500家。

由于第二次世界大战时物资紧缩，纺织业衰落，穆里耶兹家族转型进入分销零售业。路易斯的长孙杰拉德·穆里耶兹（Gerard Mulliez）在菲尔达的经营中汲取了零售业的经验。1961年，年仅29岁的杰拉德开设了第一家杂货店。尽管第一家店并不成功，但在家人的帮助下，杰拉德在法国北部成功开创了欧尚（Auchan）大型连锁超市。通过超低价吸引消费者，欧尚成功晋升为法国零售业巨头。截至2016年，欧尚共有774家大型超市、817家超级市场量贩和337 900名员工，遍布15个国家的不同地区。欧尚在分销零售行业的率先成功为家族提供了稳定的财力支撑，同时也支持了很多家族企业的不断崛起。穆里耶兹家族的其他成员陆续成立了包括体育用品零售商迪卡侬（Decathlon）、汽车修理店Norauto、服装超市凯家衣（Kiabi）、餐饮服务商Flunch和Pizza Pai、建材零售企业乐华梅兰（Leroy Merlin）、家电零售商 Boulanger、设备租赁公司Kiloutou、连锁超市Simply Market等在内的不同行业、不同类型的企业。它们大多都发扬了穆里耶兹家族在零售分销网络方面的优势，并且全部由家族控股公司CIMOVAM控制。

穆里耶兹家族人丁兴旺，老路易斯共育有11名子女，其长子育有13名子女，其他子嗣也有很多子女。尽管穆里耶兹家族人数呈几何式增长，家族内部却井井有条，这是因为家族有非常清晰统一的核心价值观。穆里耶兹家族世代信奉天主教，家族格言是“每人每事”（Tous dans tout），强调家族团结。1951年老路易斯夫妇去世后，二代中的两位兄弟小路易斯和杰拉德竭力维护这个已达百人规模的家族的统一，他们召集第二、第三代主要家庭成员商讨了整整两日，共同签署了一份家庭“公约”，穆里耶兹家族联合会（Association Familiale Mulliez）就此成形。

公约的最根本原则是：家族事业、集体共有。其内涵不仅包括人人有份，还意味着每一份财富都包含着既定的家族投资组合，没有人有权利挑肥拣瘦，这样就确保了家族大大小小的公司均有同等的发展机会。其他原则还包括对子女成年、婚配、股份分配和交易的详细阐述。

穆里耶兹家族公约：

（1）22岁接受家族培训，宣誓忠于家族信仰；

（2）协会成员股份均分（家族发展早期有少数例外）；

（3）股份可交易（仅在家族内部）。

2011年，穆里耶兹家族近800名子孙中，有三分之二选择接受家族安排的培训，通过后可以取得进入家族联合会的资格，从而获得控股公司的股权，并在家族企业的基层岗位担任学徒。为了避免家族派系之争，公约规定没有人可以享受直接进入管理层或者直接被任命为父辈接班人的特权，唯一的路径只有公平竞争。

当然，除了家族公约的核心价值，穆里耶兹家族还有一套成熟的家族治理机制。家族设有四大机构，即穆里耶兹家族联合会、家庭联合会顾问委员会、家族最终控股公司CIMOVAM、家族私有基金CREADEV，如图4-2所示。

家族联合会即一般的家族议会，由获得批准的家族成员组成，其成员选举产生家族联合会顾问委员会（即家族委员会）。顾问委员会的宗旨主要是确保家族利益优先于个人利益，

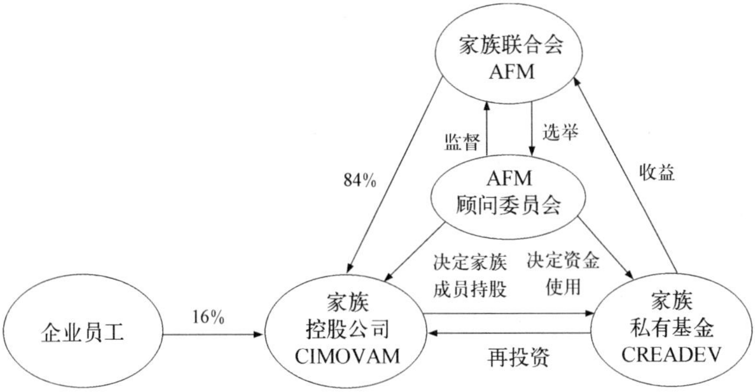

图4-2 穆里耶兹家族四大机构的关系

其职责包括决定是否参与企业资本的投资活动；判断家族控股公司的战略决策是否可行；审核家族成员是否可以进入家族联合会。顾问委员会的选举要求异常严格，每四年重新选举一次，委员会成员必须得到四个以上在家族企业管理层任职四年以上的公司股份持有者的支持，并获得家族联合会成员50%以上的投票。顾问委员会设置一位委员长，他必须有能力协调家族内部冲突，刚正不阿地遏制不符合家族价值观的个人欲望表达。例如，老杰拉德的儿子、家族第三代小杰拉德创立了已有三十多年历史的欧尚连锁超市。欧尚是欧洲最大的零售帝国之一，是穆里耶兹家族的主要经济来源。当小杰拉德在2001年已逾七十高龄却还不愿退休时，家族委员会委员长蒂埃里亲自出面协调和督促小杰拉德按照家族公约交出权力，小杰拉德终于在五年后将CEO职位交给了家族第四代，即他的侄子维雅内·穆里耶兹，小杰拉德的独子只负责法国区业务。又如，一些家族成员，包括小杰拉德，曾经多次挑战家族的“集体主义”原则，试图通过各种方法增加自己在欧尚的权力。这些“个人主义”的行为最终都被顾问委员会阻止了。顾问委员会的委员长同样通过四年一次的选举产生，其领导地位在家族中举足轻重。

家族联合会通过控股公司实现与股份分配、资本决策相关的事务，控股公司的股份有84%属于家族联合会，其余16%是为顺应时代发展而安排的员工持股。控股公司下属家族各个大小公司的监事会，家族各个公司的CEO为避嫌而不得进入顾问委员会。

穆里耶兹家族的特别私有基金主要为家族成员公司的建立提供经济援助。家族私有基金支持内部创业和谋求发展，蔑视在金融市场套利或者杀鸡取卵的过度分红行为。穆里耶兹家族有内部创业的传统，欧尚超市就是完全脱离家族固有的纺织工厂业务而创立的。20世纪60年代，小杰拉德还年轻，在获得家族支持后，于家族纺织工厂废墟上建立了欧尚的第一家杂货店。然而，传统的杂货店模式遭遇失败，他受到启发准备转而尝试自助折扣超市的模式。家族联合会提出，对其再次持续提供财务支持的条件是，三年内必须成功。这一次，新的欧尚模式终于符合了消费者新的购物习惯，一战成功，至今业务遍布欧洲，正在走向世界。

家族联合会对于内部创业奖惩分明。家族子孙如有申请家族私有基金者，往往需要与之签订“对赌条款”。如果创业失败，需要以自己持有的家族股份作为代价。家族联合会给予子孙经营事业的自治权，由顾问委员会实施监督权。

穆里耶兹家族能够让家族和事业双轨得到平衡发展，正得益于其有效的家族治理规范。其核心理念来自天主教家族的共同信仰，并且明确了如何培育家族继承人，鼓励家族成员参与，但也允许退出。合理和人性化的家族宪章，不但能被世世代代的成员遵守，且能与时俱进。穆里耶兹家族的家族治理机制秉承家族的核心价值观，并且在细节制定上处处维护核心价值不受侵害。家族治理模式明确规定每四年重选一次顾问委员会成员，并针对董事会选举出一个监督委员会；每年两次家族聚会；注重企业员工的生活体验；家族办公室负责家族成员的培训。顾问委员会的主要职责之一是确定领导者人选，确保交接班计划能够如期有序进行。家族继承人的培养也从小做起，有一套内部的系统流程，继承人首先必须接受家族内部教育，培养他们商业管理和企业经营的知识、企业家的创业精神和鉴别力，并忠于家族利益。穆里耶兹家族还清晰地规定家庭成员的退出、冲突调解的程序，以及家族“宪法”的修订法则。

穆里耶兹家族延续百年，传承至第五代，家族与家族事业的平衡发展，很好地阐释了家族企业的治理——达到法、理、情的平衡。

家族治理模式并非一成不变，外部市场环境的变化、企业成长的不同阶段、创业家族自身的繁衍等因素都会对企业的治理模式提出新的挑战和要求。特别是随着所有权和管理权的分离以及家族分支的发展，企业需要考虑更多治理结构方面的因素。在早期兄弟合作或夫妻合作阶段，家族委员会和董事会可能是必要的；发展到不同家族合作制阶段，所有权结构相对更加复杂，也相应需要一个更有效的股东大会、董事会和家族委员会。对于家族企业而言，并没有完美的治理结构，家族企业必须根据自我发展的阶段和需求进行设计和调整，只有这样才能不断蜕变成长，与时俱进。

第5章

家族精神的传承

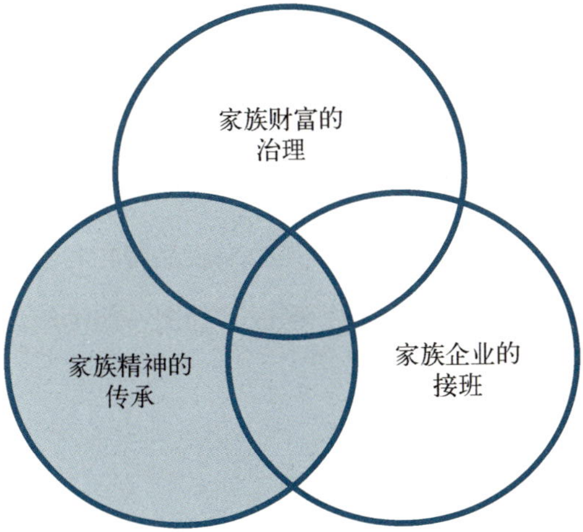

物质财富本身可以通过物质进行传承，但最终实现代代相传的家族企业，更强调的是家族精神的传承。比如罗斯柴尔德家族、洛克菲勒家族等，都特别重视以家族为核心的文化精神的传承。传承到第六代的爱马仕，其品牌始终与家族有关。传承到第七代的德国科德宝家族，为了平衡家族与企业、员工之间的利益，从第二代、第三代就开始制定严格的企业制度，明确“企业利益优先、家族利益次之、个人利益最后”的原则，严格约束在企业中工作的家族成员，营造“团结”“有归属感”“有责任感”的家族文化，以凝聚家族成员，并将家族文化延伸至企业每一个员工的血脉中。

家族企业之所以会有这样的行为表现，其原因在于家族的嵌入为企业注入了家族情感、家族价值观和家族奉献精神的元素，改变了企业原有的经济理性的基因。家族成员通过参与管理、分享股权、管控企业、关心家族品牌和名誉等，使家族企业呈现出更多的情感因素，形成了独树一帜的组织形态和生命力。

社会情感财富

美国亚利桑那州立大学凯瑞商学院院长路易斯·R. 戈梅斯-梅西亚（Gómez-Mejía, Luis R.）于2007年提出了一个概念——社会情感财富(social emotional wealth，SEW)[1]。他认为这种社会情感财富，是包含家族情感、家族价值观和家族奉献精神等的家族精神效应，是使得家族企业与非家族企业迥然不同的原因所在。

[1] Gómez-Mejía, Luis R., Katalin Takács Haynes, Manuel Núñez-Nickel, Kathyrn JL Jacobson and José Moyano-Fuentes. Social Emotional Wealth and Business Risks in Family-controlled Firms: Evidence from Spanish Olive Oil Mills［J］. Administrative Science Quarterly, 2007, 52(1): 106–137.

梅西亚教授研究了西班牙南部1 237家橄榄油厂为何选择单干而不愿加入农业合作社的原因。西班牙从19世纪末期开始，为了实现农业的规模化、产业化和现代化，逐步推广农业合作社。参加合作社的成员将共同出资、共担债务、共享成果，并且采取相对公平的原则进行分配。合作社极大地团结了零散的橄榄油厂企业主，从而能够共担风险。但企业主对于自身工厂的管理权也会因此而大大分散，自主性也大为降低。最终这些企业主选择了“单干”而不加入合作社。他们最重要的考量不是企业的财务收益，也不是企业的经营风险，而是自身对企业的控制权。

梅西亚教授认为控制权背后的东西才是家族企业最为看重的。由于控制权连接着除经营收益以外的其他“财富”，比如关系、人与人的互相信任、情感等，这种非财务性的财富，他称之为“社会情感财富”。如果企业放弃控制权，意味着也需要放弃“社会情感财富”，对企业主来说，即使企业财务收益增加了，总体上仍然是一个较大的损失。对于非家族企业而言，经济和财务效益的最大化是最重要的，但是对于家族企业而言，追求经济效益和情感效益总和的最大化才是最重要的。因此，“社会情感财富”是家族企业在经营过程中表现出偏离传统“经济理性假设”行为的主要因素。

社会情感财富是指家族凭借其所有者、决策者和管理者的身份从家族企业获得的非经济收益，具体包括行使权力的满足感、维系情感和亲情的需要、在企业内部长久保持家族价值观、维系家族控制、保全家族社会资本以及履行基于血缘关系的家族义务，以利他主义来对待家族成员。

“社会情感财富”包含三个维度：社会财富、情感财富和政治财富。

（1）社会财富。社会财富是指通过所有者持有企业股份而产生的社会地位、声誉、人脉和其他社会福利，如资源和机会的获取，它包括社会资本和嵌入性两个方面的意义。社会资本是指企业因其控制者与他人的联系而积聚的商誉和资源。在任何类型的企业中，社会资本都对价值创造有增进作用。有控股股东的企业可以利用所有者/控股股东的此类无形资产，获取商业机会，提升市场地位。

（2）情感财富。情感财富包括控制权以及支配企业运营能力所带来的满足感和成就感。许多学者研究过情感这一概念，如情感资本、情感价值和所有物依恋等。这些概念重点探究了家族企业所有者的情感连接与情感承诺，因为此类情感因素会对企业产生社会、心理和行为方面的影响。一个很好的例子就是家族企业有时会聘用不能胜任的家族成员。虽然他们的不胜任可能导致企业绩效低下，但他们能给所有者带来情感的回报和满足，所以即便牺牲部分经济利益也在所不惜。

家族企业所有者对企业有着强烈的情感连接和情感承诺，这些构成了其生命和认同感中不可分割的一部分，企业往往就是所有者的“另一个自我”。这份情感认同和价值感也会帮助家族企业获得更高的社会资本。因为家族企业承载着家族的名声和价值观，很多时候还延续着父辈或祖辈创始人的精神传承。这份社会情感财富直接和间接地影响了家族成员的个人情感认同及满足感。

（3）政治财富。政治财富是指家族企业所有者渴望控制企业目标与方向，拥有对周围的人群（其他家族成员、同侪、业务合作伙伴和政府）施加影响力的权力，以及通过继承或政治继任来延续和保持组织的永续性及影响力。如前面所述，家族企业所有者渴望保持家族声誉和社会地位，还渴望为后代守住家族财富，让家族历久不衰。对家族而言，为确保家族的长期影响力、维护家族声誉和保持家族的繁荣昌盛，掌握控制权具有至关重要的意义。

由于家族是家族企业中的一个重要维度，所以家族议程

（如家族需求）、家族和谐和家族声誉是家族在企业经营中最为关心的议题。此外，家族还迫切希望保障家族成员在企业中的参与度，以确保家族的控制权。随着加入企业的家族成员（来自不同世代）越来越多，这种渴求会愈加强烈。当家族深度参与企业管理时，家族就会对企业的战略及业务决策具有影响力和控制力，而家族的情感承诺和社会认同也会相应增强。

社会情感收益：家族企业决策的关键特征

“我们首要考虑的不是财务报告，而是家族企业的代代相传。”瑞士钟表爱彼（Audemars Piguet）董事会副主席奥利维尔·奥德莫斯（Olivier Audemars）先生说。这就是家族企业与非家族企业最大的不同：家族企业在追求财务目标的同时还追求非财务目标，也就是社会情感收益（见表5-1）。如前面所述，家族企业社会情感收益的目的在于创造和保护家族精神财富，具体表现为彰显家族声望、继承家族价值观、延续家族的社会地位和影响力，满足家族情感归宿的需要。

表 5-1 家族企业的财务目标与非财务目标

财务目标	非财务目标
追求利润（股东回报）最大化	创造和保护家族精神财富
销售收入	彰显家族声望
利润	延续家族价值观
市场份额	延续家族的社会地位和影响力
快速成长和规模扩张	满足家族情感归宿的需要
快速做大做强	植得更深，活得更久

瑞士钟表爱彼延续了140年，是目前钟表界唯一一家仍保留在创办家族手中的百年表厂。下面我们借助爱彼钟表的案例来阐述社会情感财富是如何驱动家族企业代代传承的。

案例：爱彼钟表代代相传

1875年，22岁的朱尔斯–路易斯·奥德莫斯（Jules-Louis Audemars）和24岁的爱德华–奥古斯蒂·皮捷特（Edward-Auguste Piguet）两位年轻制表工匠在瑞士汝山谷的布拉苏丝（Le Brassus）携手合作创立了爱彼（Audemars Piguet）。爱彼的标识AP，是由两位创始人姓氏的第一个字母“A”和“P”组成的。公司成立之初由朱尔斯–路易斯·奥德莫斯负责企业管理和技术方面的工作，爱德华–奥古斯蒂·皮捷特负责财务和商务，这种分工延传至今。两位年轻人确定公司的发展目标是“复杂功能钟表的制作和商业化”，即在小山谷完全独立的环境中维护和传承精湛的制表工艺，并专注于复杂功能机芯和时计的研发。自此以后，爱彼始终坚守这条发展路线，不断精益求精，在同行业中脱颖而出。两位创始人相继去世后，朱尔斯的儿子保罗·路易斯·奥德莫斯（Paul Louis Audemars）和爱德华的儿子保罗·爱德华·皮捷特（Paul Edward Piguet）接管了公司。如今家族第四代茉莉·奥德莫斯（Jasmine Audemars）担任董事会主席，奥利维尔·奥德莫斯担任董事会副主席。爱彼在全球各地共有近1 000名员工，两个创始家族仍然共同掌管这个品牌，并且两个家族的分工协作140年来保持不变。在这140年间，爱彼家族历经各种战乱、经济萧条及行业变迁等，但因为一直维系的社会情感财富，始终能代代相传。

下面从社会情感的五个维度来分析它们是如何驱动爱彼家族企业的传承的。

1. 家族成员对企业的认同

家族成员因家族与企业休戚相关而把企业看作家族的延伸，非常看重自己在家族企业中扮演的角色，并且十分注重企业的内部管理和对外形象。家族成员对企业的认同首先来自对家族的身份认同，这种认同来自家族精神的影响，特别是家族信念和价值观。家族企业的信念和价值观始于创始人，反映着家族创始人作为领导者、创业家的行为。随着企业的发展，这些价值观从一代人传递到下一代人，不断在家族内部内化。爱彼家族创始人认为，爱彼公司不属于任何人，而属于它所在的山谷地区。创始人的使命就是要确保公司继续留守山谷，世代相传。爱彼家族历代子孙深知如何延续创始人留下的价值理念，传承并发扬这个小山谷的传统制表精粹，秉承“独立、创新、传承、卓越”的钟表精神，延续“驾驭常规，铸就创新”的爱彼企业品牌理念。

2. 紧密的社会纽带

家族把其内部基于亲缘的互惠关系扩展到家族企业内部的非家族员工以及企业外部非家族合作伙伴甚至所在的社区，从而形成紧密的社会关系网络。在爱彼总部所处的汝拉山谷地区，一代又一代人传承和发展着制表工艺。有很多员工祖孙三代都在爱彼工作，这里既有家的温暖，又确保传统制表工艺的传承和延续。如今，随着爱彼走向国际化，大量来自世界各地的制表师、艺术家的加入使得爱彼成为一个世界性的大家庭企业。

3. 情感依恋

家族成员把企业视为满足其归属、亲近等情感需要的场所，而且随着企业的发展壮大，家族成员的情感依恋性不断增强。源自家族参与的情感因素与商业因素的交织是家族企业的独特属性。在家族企业内，家庭和企业之间的界限是模糊的，家族情感渗透到企业中，影响家族企业的决策过程。在这一维度下，家族成员经常表现出利他主义行为。爱彼家族企业的情感依赖，首先来自对其品牌历史的尊重。爱彼在1990年重新回购了两位创始人创建表厂的原址楼房，并将它改建成一座私立的制表博物馆，展现家族钟表业开发以来的完整历史。博物馆于1992年正式开幕，馆内展示了各种钟表珍品，其中既有爱彼的众多名表，包括两位创始人亲手制作并佩戴的复杂功能腕表，以及品牌建立以来所制作的一系列经典尊贵表款的样品，也有其他表厂的特色作品。爱彼博物馆同时保存着19世纪以来爱彼世代相传的工具盒，里面存放着当年使用的各种零件。面对要修复的古董腕表，制表师配备或制作相应的零件，并参照品牌创建以来记录所有离厂工艺诀窍的笔记本，便可对其逐一进行修复。时至今日，爱彼依然坚持这样的做法，这为未来的制表师留下了可追寻的印记。

4. 家族控制和影响

家族控制和影响是指基于企业所有权、社会地位或家族成员的个人魅力，家族通过委派董事会主席、CEO或其他高管并移植其价值观的方式，直接或间接地影响企业的经营管理和战略决策。家族企业区别于非家族企业的一个重要标志是家族成员对企业战略决策实施控制。一旦家族失去对企业的控制，就会危及其社会情感财富，比如家族成员间亲情淡化、家族地位下降，这样家族期望就无法得到满足。爱彼家族对企业的控制和影响，体现在其“独立”精神上。起家于瑞士侏罗小山谷，爱彼形成了超脱世外的封闭性，使得家族企业能够迅速应对外部的各种情况，并且自由发挥其独特性和创造性。因为这份“独立性”，爱彼能够从容应对艰难的环境，保持强烈的激情，帮助企业在第一次世界大战期间和经济大萧条期间渡过难关。也许正是这种独立性使企业得以保留自身的价值观念和人际关系。爱彼的“独立精神”，也对其企业文化、企业的运作模式和战略布局产生了重要影响。生产制造、渠道和零售是钟表产业的三大环节。为了保持家族企业高度的独立性，爱彼积极进行渠道变革。2000年，为了争取市场份额，爱彼决定回购分销渠道并自营管理全球各地的精品店和旗舰店。这一战略导致2002—2007年五年间，爱彼的销售收入增长了270%。

5. 跨代传承意愿

跨代传承是社会情感财富的核心要素。由下一代延续业务通常是家族企业的主要目标，并且许多家族企业更倾向于制定长期的战略规划。爱彼以拥有悠久的制表历史和高超的钟表技术为豪，对精良制表技艺的传承是其长期以来的核心工作之一。为了培养年轻的钟表师，爱彼制定了一套严苛的程序，其中“师徒制”的独特教授关系是爱彼品牌技艺传承的关键方式，它以高品质的教学质量和严格的教学要求而闻名全球。在众多候选人中每次只有15位能进入爱彼的钟表学校，从头学习制表的基本技术。其中，年轻的学员在爱彼的厂房学习3年与将来从业相关的制表技术；热爱制表技艺并希望从事该行业的成年人则在此学习18个月。学员们正式成为表厂一员还需要到相关工作坊学习2年。爱彼是制表传统复杂工艺的守护者，坚持以“专业手工定制”来打造精品。爱彼在每一款钟表背后刻上制造者的名字，以示负责。只要查询保存下来的制造数据，无论多老的钟表，爱彼都能为客户修护，达到品质保障的目的。

20世纪70年代，日本制造的石英表涌入市场时，传统机械表受到极大的冲击，而爱彼能长存的关键因素在于创新。1972年，爱彼推出世界上第一款带有八角形表圈的皇家橡树系列（Royal Oak），将传统与现代技术相结合，利用制表技艺打造出一款精钢材质运动腕表，打破了钟表业墨守的成规，形成了对传统制表观念和美学理念的革命性创新。如今，瑞士在全球手表市场的出口量不到2%，但价值却超过55%。爱彼已成为复杂功能腕表业和高精密钟表业的领导者。近年来，爱彼更加大了创新的脚步，通过跨界行为，将顶尖钟表业与当代艺术相结合，从内到外改变了爱彼对品牌价值理念的传达方式。

对于爱彼来说，最大的社会情感财富表现在自爱彼家族创立以来，四代人秉承了“独立、传承、创新和卓越”的钟表基因。透过代代传承的匠心工艺，爱彼创始人制定了“低产量、高品质”的产品策略，在独立的环境中维护和传承着高级制表工艺，并加以最高水准的装饰和打磨工艺。如今，面对现代激烈的钟表行业竞争，凭借着本身的创新精神，爱彼成为当今世界上拥有最多复杂表发明纪录的品牌。正是因为爱彼钟表基因长久的延续，爱彼从一个与世隔绝的瑞士小山谷公司，变成世界十大名表制造商之一，成就了钟表业界的一个家族传奇。

家族文化的构筑

家族精神如何在代际传承之间深化与落地？家族精神包含隐性的内容，可以通过家族成员的行事方式表现出来；但家族精神也可以通过显性的内容，比如家规、家训和家族宪法来体现，如图5-1所示。

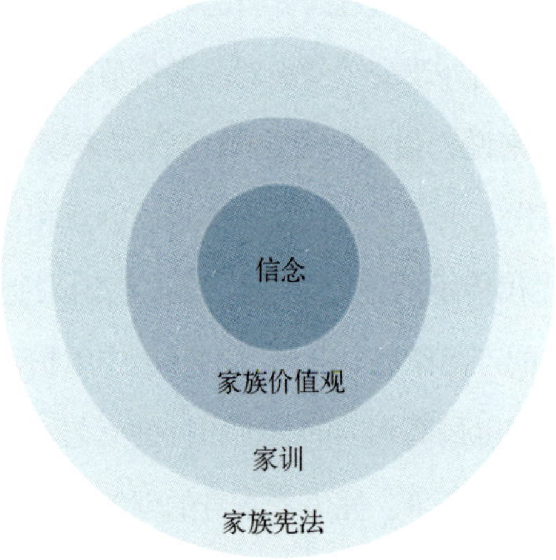

图 5-1 家族精神和文化体系

家族使命和信仰是成功家族企业的根基，延伸出家族企业的核心价值观和为人处事的方式。价值观构成了家族治理的思想基础。在价值观的基础上，形成规范的、可操作的家训。家训要求家族成员自律，是家族治理的依据和家族成员行为的规范，是强化家族精神的一种手段。但家训并不能提供具体的解决办法，也不涉及家族在具体商业上的安排。

家族宪法则是根据家族未来的理念、原则和政策设立的内部章程，是家族成员之间的一种契约。家族宪法以家族信念为核心，围绕家族和企业的需要设定规则来指导及解决家族内部的问题。如订立家族价值观、家族组织架构、家族产权分配计划、企业管理权和所有权、家族成员聘雇政策、家族成员退休政策、家族成员行为准则等。

但家族精神也并不是一成不变的，在家族发展过程中出现的每一个核心人物，都会为家族精神的培育做出贡献。家族中每一个主导人物的价值观得以继承和发展，促进了家族精神的丰满和延续。家族传承的关键，是让新一代的家族领导者把握家族精神的精髓，同时能够在解决新问题时不断对原有的价值观进行更新迭代，为家族文化带来新的要素。

亚洲华人家族企业李锦记家族之所以能够不断壮大，传承至第五代，正是源于李锦记“思利及人”的家族信念。这种家族精神历经萌芽期，后被提炼为家族共识，再通过家族宪法的具体形式表现出来，应用于指导家族成员的各种行动和决策中。

案例：李锦记的家族文化

自1888年由创始人李锦裳在珠海南水创办蚝油庄开始，李锦记至今已传承超过130年。李锦记从原来只制作蚝油和虾酱的渔村小作坊，发展成拥有蚝油、酱油、辣椒酱、方便酱及XO酱等200多款产品，远销世界100多个国家和地区的酱料王国。1902年，李锦裳举家迁往澳门，开设蚝油零售店，并逐渐建立横跨广东及香港的分销网络。1920年，第二代成员接手，家族企业经历了从三家共治到一家控股的过程。为了扩大品牌影响力，1932年，李兆南将公司总部迁往香港。

20世纪40年代，李锦记家族第三代逐渐成年，开始进入社会。随着家族成员的增多和企业的壮大，李锦记不得不面对管理理念差异和经营思路分歧的问题。当时的香港，正处在第二次世界大战后第一次经济起飞阶段，内地特别是上海的工商移民让香港人口开始膨胀，经济繁荣，饮食消费随之不断增加。李兆南、李文达父子俩从中嗅到巨大的商机，想做一些平价酱油推广到大众市场，希望以此改变公司的产品策略并且进一步扩张店铺，但这一主张却遭到李兆南堂兄们的反对。20世纪70年代初，李家兄弟间的矛盾不断升级。李兆南与儿子李文达建议开拓中低端市场，李兆荣、李兆登两家却极力反对，不太愿意冒险开拓市场，试图维持现状。起初李兆荣与李兆登欲收购李兆南的股份，三家掀起了争产大战。最终，1971年，李文达的堂兄弟们决定移民美国，李文达和弟弟李文乐在父亲李兆南的支持下收购了他们的股份。虽然对于当时的李文达兄弟来说，收购价是一笔巨款，他们因此承担了巨额债务，公司也第一次出现了负资产，甚至只能分期付款给堂兄弟们，但是他们掌握了企业完整的控制权。至此，李锦记在传到第二代的时候由三兄弟共治变为一家控股，李兆南一支成为李锦记唯一的接班人。有了对企业完全的掌控权后，李兆南父子大刀阔斧地推进改革，致力于改进生产流程及提高产品质量，改进生产工艺，推行创意，使李锦记蚝油和虾酱产品畅销于北美各大城市。

取得控制权的同年，李兆南将掌门人的职位交给了儿子李文达，李文达成为李锦记的第三代接班人。产品单一是李锦记的致命弱点，李文达上任之后对症下药，大刀阔斧地进行创新，生产多个档次的蚝油以满足不同层次消费者的需求。随后，辣椒酱、酸甜酱、豉油鸡汁、咖喱汁等产品逐步推向市场。自此，李锦记完成了从单一蚝油生产商向综合型酱料制造商的转型。20世纪80年代后期，李锦记开始多元化发展，除蚝油外，还生产酱油及系列酱料产品。进入内地市场以后，李锦记也敏锐地把握住了改革开放的机遇，逐渐发展成为国内调味品行业的领军企业。

即使经过了第二代兄弟反目的教训，李家第三代仍然没能避免兄弟之间矛盾的爆发。李兆南有六女二子，其子李文达在1972年出任公司主席，做了李锦记的掌门人，另一个儿子李文乐本来从事金融服务工作，李文达成为掌门人后邀请弟弟李文乐回到李锦记与他一起打理家族生意，给了李文乐相当可观的股份且委以重任。20世纪80年代，李锦记进入新的快速发展期。改革开放的第一年，李锦记就抓住机遇在内地设厂，成为香港第一家投资内地的酱料公司。但此时李文乐不幸患上了鼻咽癌，病痛让他对公司的发展策略日趋保守，而李文乐的妻子也开始担心强势的李文达会侵吞他们的股份。后来，李文乐夫妇决定移居美国养病，因此要求将李锦记转为有限公司并变现股权。这一次，兄弟俩闹上了法庭，甚至导致李锦记被法院责令停业半年。

最终，兄弟俩选择庭外和解，李文达收购了李文乐的股份。此时的李锦记正在扩建厂房，尚缺数千万元的资金，这一变故无疑是雪上加霜，不仅兄弟失和，李锦记还面临资金链断裂的危机。1980年，李文达的五个子女都从海外学成归来，帮助李文达克服一切困难，重新创业。尽管付出了极大的代价，但李氏家族在第三代手中再一次统一了控股权，李文达获得了公司的所有权，最终不但使公司度过了危机，还圆了发展壮大的梦想。

李锦记现下辖酱料和健康产品两个集团，李文达本人担任顾问。第四代传人李文达的次子李惠雄（李文达有四子一女）出任酱料业务的董事会主席，负责管理覆盖100多个国家、以五个工厂为支撑的庞大经销网络。李锦记第四代传人中最受人瞩目的一员，李文达的四子李惠森，则负责开拓新领域。加入家族企业六年之后的1992年，李惠森在祖籍广东新会创立“南方李锦记”（后更名“无限极”），推出中草药保健品。自此，作为“酱料王国”李锦记的家族成员之一，李惠森的重心开始转移至保健品经营，同时开启了一条家族此前从未尝试过的直销道路。李惠森现任李锦记健康产品集团主席兼行政总裁、无限极（中国）董事长。

1. 李锦记家族精神体系的构建

作为李锦记的第三代掌门人，父辈三兄弟之间纷争的痛苦记忆和自己兄弟阋墙的亲身经历使李文达痛定思痛。两次家变让他开始对家族与企业间的关系有了更多的思考，他意识到“无论如何，都要以家族为先，要以思利及人的直升机思维顾念家族的整体利益，因为没有和谐的家庭，就不能延续家族，也没有可延续发展的家族事业”。

李文达认为必须在家族内部建立一些规则，以保证公司和家族可以健康地延续下去。于是他开始深入思考如何维持家族企业长久发展的最佳方案，最终促使了李锦记丰富的“家文化”的诞生（见图5-2）。

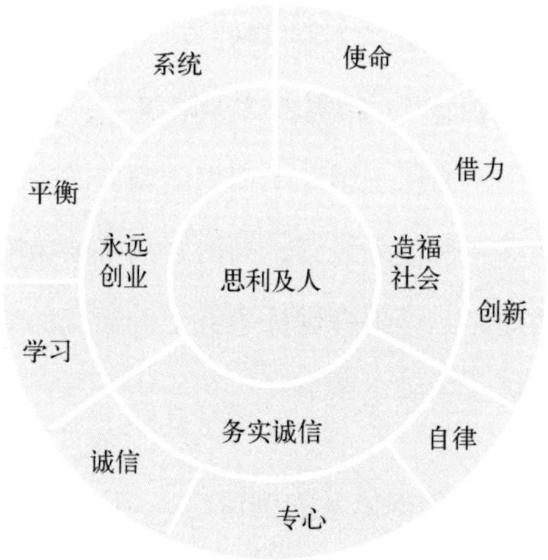

图 5-2　李锦记的家族精神体系

2015年，李锦记家族为了更好地保留家族文化、教育家族后代，在香港上环无限极广场的办公室顶楼设立了家族展览厅。

2. 家族核心价值观——思利及人

李家第一代和第二代在经营中一直秉持理解顾客、合作互利的经营理念。在历经了两次家变后，李文达提炼出了“思利及人”这一家族价值观，将其作为治家和经商的信条，并且灌输给家族后代。李文达认为，做事先要思考如何有利于人，有利于大家。“人”不仅包括李家后代，也包括员工、消费者和上下游的商业合作伙伴，甚至竞争对手。在企业传承与发展的过程中，无论是对客户还是供应商，抑或是合作伙伴，李锦记始终贯彻“思利及人”的精神，坚持在制定政策、作出决定前整体思考如何有利于大家。

后来，李家第四代的四兄弟们又将“思利及人”进一步解读为“换位思考”“关注对方的感受”和“直升机思维”三个要点。换位思考即做任何事情都要站在对方的立场上去思考，关注对方的感受。直升机思维则要求家族成员要站在整个国家、民族、社会和家族的整体高度去思考问题。

李惠森在《思利及人的力量》一书中写道：“‘思利及人’

包含三个要素：直升机思维、换位思考和关注对方的感受。其中，直升机思维要求我们考虑问题能像坐直升机一般，超越个人和眼前的局限，站得高才能看得远。”“思利及人”精神强调惠及更多的人——从你、我、他到我们，从个人到集体，从小家到大家，从企业到社会，它始终贯穿于李锦记家族治理与企业治理的方方面面。

李锦记还通过一些具体的措施来保证“思利及人”的精神能够代代相传。譬如六种沟通模式：“我们”大于“我”、坦诚表达、建设性反馈、畅所欲言、积极争论、对事不对人。同时，也列举了六种不被接受的沟通方式，包括负面情绪、一言堂、不客观聆听、“我就是这样”、言行不一致和人身攻击。李氏家族希望通过这些具体化的要求来达到代际间的和谐沟通和价值观一致。

3. 家训——永远创业

李兆南凭着不懈的努力创业，两次带领李锦记从负资产的困境中重获新生；经历过两次家变，李文达从父亲李兆南身上学到了不断进步、永不服输的精神。李文达深刻认识到，创业对于家族延续和企业成长有着非同一般的意义。他提出“守业是守不住的，只能不断创业、创新”，也就是“永远创业”的理念。正是在这样的理念的指引下，李锦记确立了两个使命：“发扬中华优秀饮食文化，弘扬中华优秀养生文化”。这既是家族的使命，也是企业的使命，激发着更多李氏家族成员参与创业创新。

李文达的四个儿子中，小儿子李惠森曾在其他公司工作并最终在父亲的劝说下加入家族企业。1992年，正是在“永远创业”的家训的激励下，李惠森提出进军保健品市场的战略。在家族的支持下，李惠森与南方医科大学（前称“中国人民解放军第一军医大学”）合作，成立了无限极（中国）有限公司（前称“南方李锦记营养保健品有限公司”）。目前负责李锦记健康产品板块的李惠森曾说过：“家族企业的通病是第一代创业、第二代守业、第三代败业，如果永远在创业，企业将永远年轻。保持永远创业的激情，要在激烈的竞争环境和纷繁复杂的变化中时刻保持前进的意识。”

4. 家族委员会的协调

李文达认为，家族治理是关系家族事业代代相传的大事。要建立“家族至上”的理念，并围绕家族的核心价值观在家族内部达成共识。除了这些软性因素，家族还必须建立有效的家族管理制度，建设好家族交流的平台和机制。李氏家族成员对此达成一致：若以企业为核心，家族一旦出现问题，经营就会受到波及；但如果以家族为核心，即使经营暂时出现波动，只要一家人和睦，企业就会屹立不倒。

2002年，李锦记成立了家族委员会，共同研究家族未来的传承及发展，规定了每三个月定期召开家庭会议等规则，用以治理家族事务。家族委员会的功能包括负责家族宪法的制定与修订；关注家族价值观的传承与强化；指导全部家族成员的学习与培训；挑选和委任家族企业董事会的成员，由董事会主席挑选和委任家族委员会下层各机构的负责人。

家族委员会下设五个下属机构（见图5-3），由五位第四代家族成员具体负责，任期两年，到期后由家族委员会票选下一任人选，可以连任。同时，年轻一代的家族成员必须年满25周岁才有资格入选家族委员会。李锦记家族委员会下属的每个机构各司其职，让家族成员各得其所。家族议会从属于家族委员会，是全体家族成员（包括其配偶）的沟通平台。家族议会根据需要不定期召开会议，讨论需要所有成员共同参与的家族内部事务，如每年一次的家族旅游。家族议会可由一名家族委员会成员提议，或由其他家族成员提议，经家族委员会批准召开。

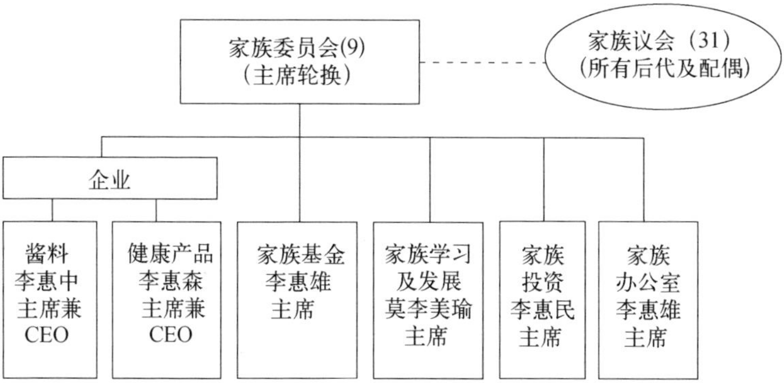

注：李锦记2016/2017家族委员会成员：李惠民（委员会主席）、莫李美瑜、李惠雄、李惠中、李惠森、莫礼逊（Charles）、李学礼（Brian）、李学勤（Jason）、李雪韵（Andrea）。荣誉创会成员：李文达、李蔡美灵。

图 5-3 李锦记家族架构[1]

各机构的职能分工如下：

（1）企业，包括酱料和健康产品两大板块。

（2）家族投资，负责管理家族在业务之外的其他投资，也支持可行的新创业务。

（3）家族基金，是家族实践“思利及人”核心价值观的平台，推动多代家庭的关爱、沟通及跨代共融，实践代代有爱，从而建立充满关爱及和谐的世界。

（4）学习和发展中心，负责所有家族成员的学习和培训，

[1] 李秀娟，陆韵婷，赵丽缦.李锦记富过五代.中国工商管理国际案例库，2017.

制订对成长中一代的培养方案，其中尤其关注家族核心价值观的传播。负责人由第四代成员轮流担任。

（5）家族办公室，负责为整个家族治理架构提供行政支持与服务，是家族事务的常设性支持机构。

根据其陈列统计，截至2016年12月，李锦记家族委员会在成立的14年里，共召开55次会议，用了整整187天、合计1 496个小时来讨论家族事务。

5. 家族宪法——与时俱进

李锦记家族委员会成立之后的第一件事就是制定家族宪法（见图5-4）。李锦记的家族宪法，作为家族内部的正式契约，确定了家族价值观、家族使命和家族宏图，明确了家族的治理结构及其组成，确立了家族与家族企业之间的关系和模式，设定了血缘关系在家族股权传承过程中的基本原则，这是李锦记家族治理的基本规章，也是所有家族成员必须遵守的行为准则。

多年来，李锦记既不引进战略投资者，也不考虑上市，始终保持100%家族控股。因为李锦记的家族宪法规定一定要拥有李氏血缘才有资格成为股东，不限男女，由婚姻关系进入李氏家族的成员不能享有股份。

李锦记的家族宪法还强调与时俱进、未雨绸缪地制定新条

图 5–4 李锦记家族宪法目录[1]

[1] Ward John L, Carol Zsolnay and Sachin Waikar. How to Motivate the Fifth Generation? Balancing Engagement and Entitlement at Lee Kum Kee［D］. Kellogg School of Management, 2016: 214–251.

款。如将来第五代的退股问题，家族宪法规定成员可以退股，但是股份必须统一卖回给公司。退股的成员还是家族成员，可以继续参加家族委员会，继续扮演家族委员会成员的角色，不像以前卖了股份就不在这个家族里了。

李锦记相对成形的家族宪法还规定：下一代一定要在外面的公司工作三年，才可以进入李锦记，而且进入后，应聘程序和入职后的考核必须与非家族成员相同，如果做得不好，同样会被开除；董事局可以有一些非家族成员的独立董事，董事局主席也可以是非家族成员，家族委员会每两年召开一次会议，选定董事会及各个业务部门的主席，主席可以连任；CEO可以是非家族成员；除第三代李文达夫妇外，其他家族成员到了70岁，须一律退出家族委员会；在家族委员会成员75%投票同意的情况下才允许修改家族宪法，其他议题超过50%投票即可通过，如果出现双方票数相同的情况，就以摇骰子的方式决定；在第五代中，如果14个成员中所有人都对家族企业的事情不感兴趣，或者所有人都有兴趣而没有能力，李锦记就将在全世界招募最好的人才，并最终派一个家族成员进入董事局。

家族宪法在讨论过程中曾有一条最引人注目的条款，就是李文达提出的“三不原则”：不要晚结婚、不准离婚、不准有婚外情。如果有人离婚或者有婚外情，就自动退出董事会。李文达在目睹周围很多朋友因为家庭不和导致生意衰败、家族衰落后，深知“家和”对一个家族兴衰的影响。但这一条款曾引起家族内部的争议，最后在家族委员会上并没有得到超过75%的支持，因此最终未被写进家族宪法。

从李锦记家族的案例中可以看到构建家族精神文化体系的重要性。首先建立“思利及人”的家族价值观，然后从家族价值观核心理念延伸出三个基本要素——“务实诚信、造福社会、永远创业”，并将其作为李氏家族的家训。同时，建立李氏家族根本法——《李锦记家族宪法》，使家族和企业的发展有了完整统一的规划，以此为蓝本推进家族的长久和睦。未来，李氏家族希望通过家族委员会和家族宪法将家族的核心价值观代代相传。

第6章

家族财富传承的十大最佳实践路径

最后，我们从三个维度，归纳总结家族传承十大最佳实践路径，以帮助家族企业实现财富传承。

家族发展的维度：家族精神的传承需要以家规、家训和家族宪法等显性内容来构筑家族精神和文化体系，需要家族委员会建立有效的家族治理机制来协调实现。

1. 厘定清晰有力的家族文化

家族文化是构建家族企业的总基石。要厘定清晰的家族文化，家族成员必须经常交流家族的理念和核心价值，清楚地了解细节，做好文字记录，将良好的家族文化世代传承下去。要追溯和记录家族历史及传统，家族传承并非仅限于财富，家族的历史及传统也必须传承下去，因为这是家族的“根”，有了根本，家族才能代代相传。成员要清楚地了解家族的重要历史，并且需要进行系统的记录，确保这些历史不会随时间的推移而被遗忘，确保能够代代相传。

2. 定期举办家族聚会、召开家族会议，维系开放互信的沟通渠道

沟通在于交流并达成共识，在交流过程中互相理解，才不致出现误解。家族成员间必须保持良好的沟通，并设立清晰的沟通原则。家族需要定期组织聚会及活动，召开正式而有效的家族会议，让成员积极参与，加强家族成员之间的情感联络，讨论重要事项，这对跨世代的持续发展是十分必要的。另外，家族只有建立起处理矛盾的有效调节机制，持开放的态度进行交流，才能维系互信的沟通渠道。

3. 建构积极有效的家族治理机制，厘定家族成员的雇佣及解雇政策

家族企业要发展及传承，需要建构积极而有效的治理机制。家族企业应厘清家族成员在企业中的角色，在董事局及管理层中建立明确的权责分配机制。要制定家族成员的雇聘政策，公平地衡量每位成员的待遇。家族成员能够自主选择是否在家族企业中发展，如果成员决定在家族企业中发展，家族应订立入职、薪酬、权责及绩效管理机制；如果成员决定离开企业，家族亦应制定相应的离职政策。

企业发展的维度：家族事业的传承，企业的接班，不管是选择内部培养人接班还是选择外部职业经理人，都需要做好前瞻性的思考和准备。如果选择家族内部成员接班，接班人的培养就需要从小抓起，提前规划清晰的未来发展路径。

1. 重视新一代传承领袖的培育及发展，鼓励和支持家族成员实现个人抱负

家族需要为新一代家族成员制定清晰的培育机制，从小开始物色和培育合适的人选，并持续系统地训练他们的领导才能，让其成为家族企业的接班人。每个人都应该有个人抱负，家族成员也不例外。实际上，并非所有成员都是继承人，家族亦应确保他们每个人清晰地规划自己的事业蓝图。家族应该鼓励成员追求个人目标，并了解他们的强弱项，从而支持他们实现个人抱负。有了个人目标，才会更努力地发展自我。

2. 正视两代人之间的差异，鼓励和支持新一代创新发展

家族企业传承中两代人总会面临矛盾和冲突，家族成员特别是两代人都应该有积极的态度，寻求合理的调解机制，通

过规范家族治理制度来协调冲突。新一代人有积极创新的追求，需要家族的鼓励和支持，才能适应时代的发展，推动家族和企业的前进。

3. 规划家族企业未来的拓展策略和愿景蓝图

家族应为家族企业制定发展的愿景及使命，并应有清晰的营商理念。家族企业要想代代相传，必须制订明确的中长期计划。

所有权的维度：所有权的结构与分配，即家族财富的守护和传承，关键在于家族财富的治理模式。家族财富的治理模式，通过建立企业董事会、家族股东委员会、家族委员会，以家族宪法、家族办公室、家族信托、家族基金会等“术”的途径去实现。

1. 构建家族财富的价值观

每个家族成员的财富理念都不尽相同，要持有正确的理念才能合理地运用家族财富。要形成一致的家族财富理念，就要厘清何谓家族财富，并在家族财富的支出和投资上有清晰的原则，制定清晰的指引。家族也有责任向新一代灌输正确的理财观念，培养新一代规划个人财务的能力，并适当实践。在6～14岁时，应当培养他们正确的财富观念；到15～22岁时，应该让他们学习理财技能；在踏出社会后，则应给予他们机会，积累创富经验。

2. 提高财务信息及业务决策的透明度

参与家族企业的家族成员股东，需要清晰地理解企业决策和运营，要有能力阅读并分析财务报表，从而作出合理的决策。至于没有参与家族企业的成员，也应该有渠道了解家族企业的决策和运作。

3. 厘定家族企业股东股份买卖及派息政策，明确家族财富的分配协议

家族企业需要制定清晰的股权分配协议，并制定股东派息及股份买卖政策。家族亦应建立调解机制，以便在股东间发生纠纷时，能依据机制处理有关问题。

家族企业要代代相传，必须有清晰的财富分配协议。股权、房地产和现金等核心资产的分配协议必不可少。古董、字画或手表等特殊资产的分配计划，亦不能忽视。家族应制订跨世代家族财富传承计划。

4. 达成家族回馈社会的共识

很多家族企业都会参与慈善事业，回馈社会，体现“取之社会，用之社会”的精神。家族企业应支持不同的慈善项目，并积极参与义务活动。家族企业亦应系统地管理家族的慈善活动，使之更为有效。

我们希望借此书帮助家族企业代代相传，基业长青。

致谢

感谢中欧国际工商学院提供的研究经费，感谢蒋凤桐教授为本书提供宝贵的评审意见，感谢研究助理赵华和谈若枫为本书所提供的协助，也感谢丛书编辑的专业支持。